**FILÓSOFO
EM 5 MINUTOS**

GERALD BENEDICT

FILÓSOFO EM 5 MINUTOS

80 RESPOSTAS PARA 80 PERGUNTAS ABSURDAMENTE DIFÍCEIS

1ª edição

Tradução
Patrícia Azeredo

Rio de Janeiro | 2014

CIP-BRASIL. CATALOGAÇÃO NA PUBLICAÇÃO
SINDICATO NACIONAL DOS EDITORES DE LIVROS, RJ

Benedict, Gerald (Gerald Samuel)
B399f   Filósofo em 5 minutos / Gerald Benedict ; tradução: Patrícia Azeredo. - 1. ed. - Rio de
Janeiro : BestSeller, 2014.
                                    il.
Tradução de: The five-minute philosopher
Inclui apêndice
ISBN 978-85-7684-635-2

1. Teoria do autoconhecimento. 2. Autorrealização. 3. Mudança (Psicologia). 4. Pensamento
5. Individualidade. 6. Personalidade. I. Título.

13-05487   CDD: 159.1
            CDU: 159.947

Texto revisado segundo o novo Acordo Ortográfico da Língua Portuguesa.

Título original
THE FIVE-MINUTE PHILOSOPHER
Copyright © 2011 by Gerald Benedict
Copyright da tradução © 2014 by Editora Best Seller Ltda.

Publicado mediante acordo com Watkins Publishing, UK em 2011.
Sixth Floor, Castle House
75-76 Wells Street, London W1t 3QH

Editoração eletrônica: Futura

Todos os direitos reservados. Proibida a reprodução,
no todo ou em parte, sem autorização prévia por escrito da editora,
sejam quais forem os meios empregados.

Direitos exclusivos de publicação em língua portuguesa para o Brasil
adquiridos pela
EDITORA BEST SELLER LTDA.
Rua Argentina, 171, parte, São Cristóvão
Rio de Janeiro, RJ – 20921-380
que se reserva a propriedade literária desta tradução

Impresso no Brasil

ISBN 978-85-7684-635-2

Seja um leitor preferencial Record.
Cadastre-se e receba informações sobre nossos lançamentos e nossas promoções.

Atendimento e venda direta ao leitor
mdireto@record.com.br ou (21) 2585-2002

Sumário

Introdução 11

1 CONHECIMENTO 25
O que é o conhecimento? 27
Existe um limite para o que podemos saber e compreender? 29
Como podemos saber se o que sabemos é o certo? 31
Existe realmente a verdade? 33
O que podemos saber sobre o futuro? 36
O que nós "precisamos" saber? 38
Grande conhecimento implica grande sabedoria? 40

2 INDIVIDUALIDADE 43
Quem sou eu? 45
Antes de nascer eu fui outra pessoa? 47
O que é o "eu"? 48
Quantos "eus" eu tenho? 51
É possível conhecer a si mesmo? 53
É possível mudar a si mesmo? 55
O quanto eu sou diferente dos outros? 58
A autoafirmação está sempre errada? 59

3 COSMOS...63

O universo tem uma origem no tempo? 65

O universo é infinito?...67

O tempo teve um começo e um dia terá um fim?...........70

O nosso planeta tem futuro?..72

De quem é este universo?..74

É possível se sentir "em casa" no universo?....................77

Faz diferença se nós estamos sozinhos no universo?.............79

4 HUMANIDADE...83

O ser humano é apenas mais um animal?........................85

O que é a morte?..87

Existe vida após a morte? 89

A vida tem um propósito?..92

Podemos ser verdadeiramente felizes? 94

A esperança pode ser uma ilusão perigosa?...................96

Nós temos livre-arbítrio?..99

O que é a mente?...101

Podemos conhecer a própria mente?...............................104

A inteligência é supervalorizada?....................................105

Por que queremos as coisas? 108

O hipermaterialismo nos coloca em risco?....................110

Devemos tentar aceitar as coisas como elas são? 113

5 ESPIRITUALIDADE..117

O que é o espírito? 119

Podemos ao menos começar a entender o que Deus significa?....121

Existe um Deus? 123

Deus é "algo" ou "alguém"? 126

Fomos "feitos" à imagem e semelhança de Deus?.................128

Deus é o todo da natureza? 131

O darwinismo significa que Deus está morto?....................133

A humanidade evoluiu tão bem em termos espirituais

quanto em termos físicos?...135

Eu tenho alma? 137

Para onde o espírito ou a alma vai após a morte? 140

O que é uma vida espiritual?..143

Que diferença a ausência de Deus pode fazer?...................145

6 RELIGIÃO 149

O que é religião? 151

A religião satisfaz uma necessidade humana básica? 153

É possível que todas as religiões estejam certas?...............155

Por que as religiões tentam converter as pessoas? 158

Por que as pessoas viram fundamentalistas? 160

O que é salvação?..162

O mal realmente existe?...164

Por que existe sofrimento? 166

7 CRENÇA..171

O que é fé? 173

Podemos ter fé sem ter religião?..175

Algum dia nós poderemos ter certeza da existência de Deus?.177

O que é a prece? 179

O que os místicos vivenciam?..182

O que é iluminação?..184

O que acontece quando reencarnamos?...............................186

É hedonismo encontrar satisfação espiritual na solidão? 189

O agnosticismo é válido?...191

O ateísmo é a coragem de não acreditar?...........................194

Podemos viver apenas de acordo com a razão?...................195

A intuição pode substituir a lógica?...................................197

A nossa crença realmente importa?....................................200

8   COMPORTAMENTO...203

Precisamos de um código moral?.......................................205

Existem leis morais absolutas?..207

As leis devem ser sempre baseadas
em princípios religiosos?...210

Às vezes pode ser certo violar a lei?...................................212

O karma determina o nosso comportamento?....................214

Quais são os valores essenciais?..217

Existe algum ato verdadeiramente altruísta?.....................219

Devemos sempre ser verdadeiros?.....................................222

Quais são as nossas obrigações em relação aos outros?...........224

Estamos errados se não conseguimos perdoar alguém?..........226

Devemos nos perdoar?..229

Por que o amor é considerado um valor supremo?...................230

LEITURAS COMPLEMENTARES 233

AGRADECIMENTOS 239

Para
Michael Jacobson, em agradecimento pelos anos
de amizade e as centenas de perguntas debatidas,
especialmente as que ele não fez.

"A amizade, como um bom vinho, amadurece com o tempo."

(ANÔNIMO)

INTRODUÇÃO

"A razão humana, num determinado domínio dos seus conhecimentos, possui o singular destino de se ver atormentada por questões que não pode evitar, pois lhe são impostas pela sua natureza, mas às quais também não pode dar respostas por ultrapassarem completamente as suas possibilidades."

IMMANUEL KANT (1724-1804)

FILÓSOFO EM CINCO MINUTOS

Ninguém vive sem fazer perguntas. A ânsia de saber, seja estimulada pela necessidade ou curiosidade, tem razão de existir: é uma função inata da mente. Fazer uma pergunta e procurar a resposta foi uma técnica de sobrevivência entre os primeiros seres humanos. Para nós, é o processo pelo qual se pode ocupar o tempo na Terra de forma mais significativa. Obviamente, é importante fazer as perguntas certas, pois é possível perder uma vida em busca de respostas para as perguntas erradas. Como James Thurber (1894-1961) advertiu: "É melhor conhecer algumas perguntas do que todas as respostas."

O ato de fazer perguntas começa na infância e continua ao longo da vida. As perguntas são as janelas da alma que se abrem para o mundo não descoberto, representando a ligação entre o conhecido e o desconhecido. A maioria das perguntas que povoam o nosso dia é apenas um meio de obter informações e fatos: "Como vai?" "Que horas são?" "Poderia me dizer como...?" As perguntas importantes, contudo, indagam por que *existe* um dia e por que, afinal, precisamos fazer perguntas. A maior parte do nosso aprendizado se localiza na região entre as perguntas e as respostas, sendo esta também a estrutura de boa parte do ensino. Trata-se do método socrático, dialética que funciona colocando um ponto de vista em oposição a outro, buscando o debate e questionando as respostas às perguntas feitas. Esse é o método "por outro lado, pensando desta forma..." de chegar à verdade. Sócrates (469-399 a.C.) era conhecido como "parteiro de ideias", e a cada pergunta que fazemos ou respondemos, a parteira ajuda no nascimento de novos conhecimentos e novas percepções. Novas ideias, os primeiros frutos da mente humana, são semeadas pelas perguntas e colhidas pela reflexão.

As perguntas analisadas neste livro não dizem respeito a fatos e informações. São o tipo de pergunta cuja resposta não está facilmente disponível, e procurar essas respostas está mais para uma jornada de exploração do que para folhear uma enciclopédia. O território a ser explorado é interno, e o que se exige é a introspecção, combinada à mente aberta, além do autoconhecimento aliado a uma disposição de abrir mão dos padrões definidos de pensamento. Cedo ou tarde nos vemos pensando nestes enigmas. Geralmente estamos ocupados demais para nos concentrar neles, pois existem outras demandas e prioridades, todas necessárias e justificáveis. Mas uma das desvantagens da vida atual é que não conseguimos nem enxergar a necessidade de breves períodos de solidão nos quais seria possível mergulhar nas perguntas desafiadoras e remodelar a vida por meio da reflexão. A filósofa francesa Simone Weil (1909-1943) acreditava que "toda pessoa deve ter espaço e liberdade suficientes para planejar o uso do próprio tempo; a oportunidade de atingir níveis mais altos de atenção; um pouco de solidão, um pouco de silêncio". Em tais momentos passamos do que ela chamou de pessoal para o impessoal. Partindo deste "eu" com o qual identificamos temores, necessidades, ambições e esperanças, nós alcançamos uma liberação temporária e progredimos para o "eu" que se liberta da preocupação individual de alcançar "níveis mais altos de atenção", no qual sabemos que somos parte de um "todo" maior. Algumas das perguntas feitas aqui podem exigir uma resposta na forma de silêncio meditativo.

Nenhuma resposta verdadeira pode ser dada a essas perguntas. O que pode parecer uma resposta é apenas um resumo das questões mais importantes. Pode ser um truísmo, mas para cada resposta existe uma pergunta. Na verdade, várias. E, pensando nas respostas dadas aqui, o leitor pode muito bem formular uma pergunta mais importante ou com mais foco. Não existem respostas instantâneas fora do reino dos fatos e das informações, e elaborar as perguntas exigirá tempo, reflexão, honestidade e até coragem. Na melhor das hipóteses, o que pode acontecer ao folhear este livro é uma reorganização do pensamento do leitor, a junção de ideias já formuladas com novas ideias recém-percebidas, formando um novo padrão. A mente é como um caleidoscópio onde novas formas e cores se somam às que já existiam de modo a formar desenhos e configurações totalmente novas para as ideias e percepções. Pensar nessas perguntas — pensar corretamente — levará a pessoa além do que ela já sabe. De acordo com a passagem citada na página 12, se Kant estiver certo sobre a razão não ser capaz de ignorar nem de responder às perguntas mais insistentes, pensar nas possíveis respostas pode exigir que se transcenda a razão.

As perguntas deste livro estão dispostas sob os seguintes títulos.

Conhecimento: o que sabemos é compilado de várias fontes e adquirido por vários meios. Em sua forma mais simples, o conhecimento é uma soma de fatos ou habilidades obtidos por meio do aprendizado e da experiência que podem ser práticos (saber "como") ou teóricos (saber "que"). Pode ser geral ou especializado e inclui tanto as respostas que damos a ideias abstratas quanto o discernimento obtido a partir delas. Para algo ser conhecido tem que ser verdadeiro e se basear no que Platão (428-347 a.C.) chamou de "crença verdadeira justificada". A diferença entre conhecimento e crença (que tem sua própria seção, ver mais adiante) é importante: o conhecimento está mais preocupado com a certeza, e a crença com a confiança. Adquirir conhecimento é da natureza da mente, enquanto ter crenças é um estado de espírito. Usar o conhecimento como indicador do que não sabemos nos motiva a saber ainda mais. As perguntas desse item abordam a natureza do conhecimento e também do conhecedor.

Individualidade: o "eu" como entidade é esquivo, difícil de localizar e parece resistir a definições precisas, sejam filosóficas ou psicológicas. Podemos dizer que o senso de si é o sujeito consciente e reativo que permanece constante através da paisagem sempre mutável dos nossos estados físico e mental, que, apesar disso, são de propriedade do "eu". O "eu" pode ser constante no sentido de estar sempre lá e de estarmos sempre conscientes dele, mas por se mostrar evidente apenas em relacionamentos — seja com pessoas, objetos, o ambiente, a natureza etc. — sempre temos ciência de que o "eu" muda de acordo com os estímulos. O "eu" carrega uma singularidade particular, seja em relação à fé religiosa, ao agnosticismo, ateísmo ou secularismo.

FILÓSOFO EM CINCO MINUTOS

Por extensão desse conceito, chegamos à ideia de que cada um de nós tem um "eu verdadeiro" ou "essencial", que pode ser igual ou semelhante ao conceito de alma de Platão ou à substância do pensamento. Ou talvez seja o "eu" de René Descartes (1596-1650) em "penso, logo existo". Ou então pode ser o "ego" de Sigmund Freud (1856-1939). Contudo, o uso da palavra "eu" para representar algo incorpóreo é considerado obsoleto por alguns filósofos. David Hume (1711-1776), por exemplo, negava a possibilidade de sermos "intimamente conscientes a todo momento do que chamamos nosso 'eu'", pois as experiências que nos fazem cientes do que consideramos como "eu" estão em constante mutação. Hume continua: "Se alguma impressão dá origem à ideia de eu, essa impressão deve manter-se invariavelmente a mesma, durante todo o curso de nossas vidas, uma vez que se considera que o eu existe desta maneira. Mas não há nenhuma impressão constante e invariável." As perguntas abordam este e outros temas.

Cosmos: existe um interesse crescente em todas as perguntas relacionadas ao cosmos, especialmente em relação a suas origens e ao início da vida na Terra. O interesse na origem do universo levou a especulações quanto à possibilidade de existência de vida em outros planetas e, embora isto seja improvável dentro do nosso sistema solar, a hipótese da existência de incontáveis outros sistemas solares permite especular sobre a existência de uma forma de vida a alguns anos-luz de distância da Terra. Stephen Hawking (1942) confidenciou que "em toda a minha vida, eu sempre fui fascinado pelas grandes perguntas que estão diante de nós e tentei encontrar respostas científicas para elas". Além destas "grandes perguntas", outros pensadores igualmente importantes buscaram entender como o atual conhecimento de cosmologia afeta a autopercepção e a forma em que nos encaixamos no esquema maior das coisas. Paul Ricoeur (1913-2005) afirmou que "em escala cósmica, nossa vida é insignificante, mas este breve período em que aparecemos no mundo é o momento em que surgem todas as perguntas significativas". Algumas dessas "perguntas significativas" são fornecidas nessa seção.

Humanidade: Hamlet chamou o homem de "o paradigma dos animais", mas Charles Darwin (1809-1882) observou que "o homem, com suas nobres qualidades... ainda carrega no corpo a marca indelével de sua origem modesta". A compreensão da humanidade ainda se vê presa na tensão entre criacionistas e evolucionistas, enquanto o design inteligente, outrora considerado uma ponte viável entre os dois, caiu em descrédito. Por mais que tenha se desenvolvido muito além dessa "origem modesta", a humanidade ainda parece ter problemas insuperáveis, especialmente no que diz respeito a viver em paz e de modo responsável em relação ao meio ambiente. Existem vários fatores que nos distinguem dos outros animais, mas Eric Fromm (1900-1980) estava indubitavelmente certo ao observar que "o homem é o único animal cuja própria existência é um problema que ele precisa resolver". A dificuldade da nossa existência gira em torno de a vida ter ou não significado e propósito, sejam eles determinados pela genética ou algo a ser descoberto por conta própria. O animal humano é complexo, tanto em termos de biologia quanto de faculdades, como a mente, a inteligência, a imaginação e a criatividade. Apesar da evolução extraordinária e da genialidade em todas as áreas, a humanidade tem a sensação de que falta algo em seu âmago. As perguntas abordando esses temas confirmarão, talvez, esse aforismo de Friedrich Nietzsche (1844-1900): "Quem tem por que viver pode suportar quase tudo."

Espiritualidade: a sensação de falta mencionada anteriormente diz respeito à questão mais debatida sobre a humanidade: se dentro da nossa constituição física existe ou não um elemento — chame de "eu", "self", alma ou qualquer outra atribuição numinosa — naturalmente dado à percepção espiritual e a transcender o mundo material. Toda a história da raça humana carrega consigo a busca pelo "outro", uma busca que São Francisco de Assis (1181-1226) expressou com louvável simplicidade: "O que você procura está em quem procura." Espera-se que o proselitismo recente e empolgado feito por ateus possa manter um diálogo criativo com os que, seja por fé ou experiência, acreditam que não são "seres humanos tendo uma experiência espiritual... mas seres espirituais tendo uma experiência humana" (Pierre Teilhard de Chardin, 1881-1955). Neste livro não estamos necessariamente preocupados com a teologia e os dogmas das religiões estabelecidas, pois a espiritualidade não se baseia na autoridade creditada a fontes textuais de alguma religião ou no conservadorismo da tradição recebida. Em vez disso, ela aborda o milagre do mundano. Alan Watts (1915-1973) aborda a questão desta forma: "O zen não confunde espiritualidade com pensar em Deus enquanto se descascam batatas. A espiritualidade zen é apenas descascar as batatas." Esta seção é um divisor de águas que talvez separe os rios espiritual e secular.

Religião: já foi dito anonimamente que "filosofia são as questões que podem não ter resposta. Religião são as respostas que não podem ser questionadas", e esse dogmatismo baseado numa autoridade poderosa sempre foi o maior problema da religião. A religião, tanto no sentido de expressão estabelecida da fé quanto de doutrina como medida daquilo em que se "deve" acreditar, vem sendo a fonte dos piores delitos e também dos atos mais nobres. Ela já satisfez a ânsia das pessoas por poder e controle, porém também foi o meio para servir aos outros com altruísmo. Durante as guerras que incitou e as punições que já infligiu por heresia, a religião causou sofrimentos pavorosos, mas sua compaixão e consciência social também atuaram na educação e no atendimento médico de milhões de pessoas pelo mundo. Ela destruiu culturas inteiras, mas inspirou algumas das obras de arte mais belas da Terra. Nos parâmetros da ortodoxia e do conservadorismo religiosos, uma quantidade incontável de indivíduos foi apresentada a uma crença sincera, no entanto, por serem livres-pensadores muitos precisaram fugir dos ensinamentos recebidos pela tradição de modo a encontrar a própria fé. Como disse o comediante Lenny Bruce (1925-1966), "a cada dia, mais e mais pessoas estão se afastando da igreja e voltando para Deus", e isso diz algo positivo sobre a religião, visto que, como acreditava G. K. Chesterton (1874-1936) "a prova de uma boa religião é quando se podem fazer piadas com ela".

Crença: anteriormente, quando fizemos a distinção entre conhecimento e crença, observamos que a crença implica confiança. O termo "fé" também implica confiança, e os dois conceitos são intercambiáveis em declarações como "acredito em você" ou "acredito que tudo vai ficar bem". Contudo, há uma leve diferença entre eles: a crença geralmente se aplica a ideias, a um sistema de pensamento representado por um credo ou manifesto secular, por exemplo, enquanto a fé geralmente está associada a verdades absolutas em vez de relativas e também costuma estar relacionada à espiritualidade. É possível acreditar em algo que não conhecemos porque sentimos ou intuímos que é o certo. A fé é a disposição de se comprometer com essa intuição. A crença indica confiança, enquanto a fé implica risco — vide a expressão em inglês *leap of faith* (que significa "salto no escuro", mas cuja tradução literal é "salto de fé"). A fé se relaciona a algo sem precedentes. A primeira pessoa a conquistar algo, seja o Everest ou sobrevoar o Atlântico, teve fé e demonstrou que aquilo era possível. Quem veio a seguir acreditava ser capaz de fazer o mesmo graças à fé do pioneiro. Essa fé inovadora é rara, e ainda assim inspirou a crença de muitos. Para as perguntas mostradas nessa seção não é necessário separar os termos crença e fé, visto que cada um de nós pode determinar o próprio significado para essas palavras. Isaac Asimov (1920-1992) usou ambas para expressar sua opinião de que "não há crença, por mais imbecil que seja, que não terá seguidores cheios de fé prontos a defendê-la até a morte".

Comportamento: a "melhor" forma de viver é determinada pela moral e as leis da sociedade. Elas são direcionadas para garantir que possamos viver juntos pacificamente e respeitando o direito à propriedade, na medida do possível. A forma tomada pelas leis e convenções depende do tipo de sociedade que desejamos, embora seja raro que alguma pessoa ou governo aborde essa questão fora da filosofia, não só em termos de leis e constituição como também em termos de educação. Nossa sociedade não foi determinada, ela se desenvolveu de modo semelhante a um jardim nas mãos de projetistas dinâmicos. Mas, ao contrário de um jardim, a atmosfera da sociedade ocidental como um todo não é de quietude, e sim de estresse, ansiedade e incerteza. Isso se dá por diversas causas, variando entre problemas ecológicos, econômicos e políticos. Temos a sensação de que o governo luta para manter a civilização. O sociólogo francês David Émile Durkheim (1858-1917) argumentou que o comportamento humano era determinado pelo que ele chamava de "fato social", e escreveu: "É um fato social toda maneira de agir, fixa ou não, capaz de exercer sobre o indivíduo uma coerção exterior." O nosso comportamento é "forçado" pelas leis e regulamentações, e Durkheim alegou que quanto mais imatura a sociedade, mais complicados serão os seus sistemas legais e regulatórios. Albert Schweitzer (1875-1965) sugeriu uma fórmula bem mais simples, mas que exigiria um alto grau de maturidade pessoal e social: "Ética não é mais do que reverência pela vida. É o que me dá o princípio fundamental da moralidade, nomeadamente que o bem consiste em manter, promover e melhorar, e que destruir, ferir e limitar a vida é o mal."

Fazer perguntas é um meio de se libertar. A verdadeira reflexão sobre as perguntas, especialmente as que não possuem respostas absolutas ou claras, é um meio de romper os limites do que já sabemos, e a partir dos quais moldamos e condicionamos nosso modo de pensar. É uma oportunidade para fugir da ditadura do dogma, do costume e das duramente inquestionáveis opiniões de especialistas no campo em que por acaso vivemos e trabalhamos, seja ele qual for. A liberdade de pensar por si mesmo, duramente conquistada pela humanidade, deve ser usada para "amar as perguntas" e "viver as respostas", como o poeta Rainer Maria Rilke (1875-1926) nos estimulou a fazer: "Peço-lhe (...) para ter paciência em relação a tudo que não está resolvido em seu coração. Peço-lhe que tente ter amor pelas próprias perguntas (...). Não investigue agora as respostas que não lhe podem ser dadas, porque não poderia vivê-las. E é disto que se trata, de viver tudo."

1
Conhecimento

"O único bem é o conhecimento e o único mal
é a ignorância."

SÓCRATES (469-399 A.C.)

"O oposto de uma afirmação verdadeira é uma
afirmação falsa, mas o oposto de uma verdade
profunda pode ser outra verdade profunda."

NIELS BOHR (1885-1962)

O que é o conhecimento?

O que sabemos é a soma total de tudo o que nossa mente absorveu e reteve desde o nascimento. O conhecimento permite nos relacionar com o mundo e estar em contato de forma inteligente com tudo o que nossos sentidos recebem. O conhecimento acumulado nos permite reconhecer, responder, categorizar e organizar as informações dadas pelos estímulos incrivelmente complexos aos quais estamos sempre expostos. É um armazém de dados guardados pela memória, ativados pela necessidade ou pelo desejo de responder a uma paisagem contínua e dinâmica de incentivos. Em resumo, o conhecimento é a informação adquirida através da experiência. O empirismo, por sua vez, consiste na teoria de que todo o conhecimento se baseia apenas em observação, experimentos e dedução. Outra forma de pensar é o idealismo, grupo de teorias filosóficas cuja visão assume que o chamado mundo externo é criado pela mente. Embora reconheçam a existência dos objetos materiais, os idealistas argumentam que a natureza deles depende das nossas percepções.

Há uma diferença entre o que sabemos *a respeito* de algo e o que sabemos por termos observado ou feito algo. O primeiro pode ser chamado de "conhecimento teórico", e o segundo, de "conhecimento prático". Podemos saber a respeito do monte Everest sem nunca tê-lo visto ao vivo, assim como podemos saber como se faz um transplante de coração ou como se toca um instrumento musical, pois são habilidades adquiridas através do treinamento. Essas formas de conhecimento se sobrepõem, visto que também sabemos *a respeito de* transplantes e de composição de música.

As formas mais simples de conhecimento estão ligadas aos fatos, aos nomes dos objetos, ao mundo não ambíguo dos substantivos e como os qualificamos por meio de adjetivos. Tais fatos — sejam datas históricas, nomes de parentes e amigos, as características que diferenciam os pássaros ou as peças do motor de um carro — são aprendidos tanto formalmente quanto informalmente. Exemplos de formas mais complexas de conhecimento são os conceitos e as ideias. Todos nós temos uma noção pessoal de beleza, do que é "bom" tanto em termos estéticos quanto em termos morais, e cada um de nós está ligado, ainda que vagamente, a um ideal político, e alguns também a uma crença religiosa. O estabelecimento gradual do conhecimento exigido por essas crenças ou respostas permite que façamos juízos de valor nos quais se baseiam as nossas escolhas. Conhecer a si mesmo é a curva de aprendizado mais importante de um indivíduo. Nós aprendemos gradualmente a saber do que gostamos e não gostamos, o que valorizamos ou descartamos, bem como o que devemos aprender e fazer de modo a perceber o nosso potencial individual. O autoconhecimento se adquire em relação ao ambiente, aos objetos e às pessoas ao nosso redor. Contudo, ele só pode ser subjetivo. Mais confiável é o conhecimento que temos dos outros, pois isso pode ser testado em relação a evidências mais facilmente disponíveis e verificáveis: tal conhecimento é recíproco e mutuamente esclarecedor. Lucílio (160-103/2 a.C.) escreveu: "O conhecimento não é conhecimento enquanto não houver uma pessoa que saiba o que outra pessoa sabe."

A sabedoria pode ser pensada como uma compreensão profunda de tudo o que uma pessoa sabe, aplicado a pessoas, situações, escolhas e julgamentos. Confúcio (551-479 a.C.) disse que a sabedoria é aprendida em três estágios, "primeiro por reflexão, que é o mais nobre; segundo por imitação, que é o mais fácil; e terceiro por experiência, que é o mais amargo".

Existe um limite para o que podemos saber e compreender?

Numa era em que cientistas estão procurando a teoria capaz de revelar a origem do universo e, ao mesmo tempo, dar uma fórmula unificadora para tudo, supõe-se que exista a possibilidade de se saber tudo o que há para conhecer. Em *Uma breve história do tempo*, Stephen Hawking (1942) deixa claro que o objetivo é "nada menos do que uma descrição completa do universo em que vivemos", mas por enquanto o problema precisa ser dividido em teorias parciais, como a relatividade e a mecânica quântica, antes de ver se elas podem ser reunidas numa só teoria.

Provavelmente a maioria de nós fica feliz em deixar as perguntas definitivas para os cosmólogos e astrofísicos. A humanidade acumulou mais conhecimento do que nunca, mas o que aprendemos foi um processo coletivo: um número incontável de pessoas de todas as idades e culturas contribuiu para a soma total do nosso conhecimento. Parodiando a frase de Jung, temos uma consciência coletiva e, apesar da gama e da profundidade extraordinárias das informações adquiridas, ela está longe da onisciência. Mesmo partindo da premissa de que não existem limites ao que podemos saber, é provável que a nossa experiência diga o contrário ou, de outra forma, a possibilidade de saber e entender tudo seja frustrada por outros fatores como o tempo, bem como a qualidade e o tamanho do cérebro humano e as exigências do conhecimento que já temos, que demanda adaptações e mudanças radicais.

Nossa única ferramenta de trabalho é o cérebro, e mesmo com milhões deles trabalhando juntos, a forma pela qual ele funciona determina o que conquistamos em todos os campos. O cérebro é um organismo vivo sujeito a problemas físicos, como qualquer outro. Ele não é autônomo, pois exige energia para funcionar a contento e depende do bem-estar do corpo inteiro, especificamente dos sentidos, para obter as informações que recebe e processa. Defeitos nos olhos ou ouvidos, por exemplo, influenciam a qualidade dos sinais enviados ao cérebro.

"Se um pouco de conhecimento é perigoso, onde está o homem que conhece tanto a ponto de estar fora de perigo?"

T. H. HUXLEY (1825-1895)

Obviamente, existe um limite ao que podemos saber e entender em qualquer tempo. Se acabarmos adquirindo o conhecimento completo sobre a origem do universo, por exemplo, o processo provavelmente levará uma quantidade considerável de tempo. É difícil imaginar o que acontecerá quando esse objetivo for conquistado, visto que a busca pelo conhecimento levou ao crescimento das civilizações. Essa busca é tão básica que pode se argumentar que a necessidade de saber move a evolução humana. Não podemos sair dessa discussão sem nos referir ao conhecimento que se perdeu à medida que diferentes civilizações tiveram seu apogeu e declínio. Se o objetivo é saber tudo, então recuperar este conhecimento deve fazer parte do processo de aprendizado. Por enquanto, a onisciência é uma qualidade que talvez seja melhor deixar com Deus.

Aprender é um processo que nos deixa humildes e, no que diz respeito a compreender a vastidão e a origem do universo, podemos muito bem concordar com Sócrates (469-399 a.C.): "Só sei que nada sei."

Como podemos saber se o que sabemos é o certo?

Os filósofos há muito vêm debatendo como podemos ter certeza de que o conhecimento que adquirimos é preciso. Normalmente não é necessário provar tudo: sabemos que $2 + 2 = 4$, que tomates são vermelhos, que a Grã-Bretanha é uma ilha situada na costa noroeste da Europa. Se houver dúvida ou discussão, tais fatos são facilmente verificáveis. Mas durante o processo de aquisição de novos conhecimentos precisamos ter confiança quanto à correção deles, e às vezes pode ser útil questionar em vez de apenas aceitar o que lemos ou ouvimos. Mesmo se estiver óbvio que algo está certo, às vezes a confirmação é necessária.

Verificar se uma proposição está correta ou não pode ser um processo complexo e sutil, que depende muito dos métodos utilizados para corroborar a afirmação. Em geral testamos a veracidade de uma opinião de acordo com a nossa observação e experiência. Se o que ouvimos está de acordo com o que já descobrimos, então ficamos inclinados a aceitar como sendo certo. A "certeza" do que sabemos não é necessariamente determinada pela quantidade de pessoas que têm a mesma opinião, pois a maioria pode estar profundamente errada. Portanto, como método de verificação, testar a correção de uma determinada opinião contra o número de pessoas que a tem não é um procedimento confiável. Outro método consiste em levar em conta o significado das palavras. O filósofo e radialista C. E. M. Joad (1891-1953), que durante a Segunda Guerra Mundial participou do popular programa de rádio da BBC *The Brains Trust*, ficou famoso pelo bordão "tudo depende do que você quer dizer com...", que antecedia suas respostas às perguntas enviadas aos especialistas do programa. Embora usada com exagero, a frase de Joad é importante. Saber se o que sabemos está certo depende totalmente da nossa utilização e interpretação da linguagem. A verificação do conhecimento foi um tema central do positivismo lógico, forma de filosofia estabelecida pelo Círculo de Viena nas décadas de 1920 e 1930, cujos defensores mais famosos foram Bertrand Russell (1872-1970) e Ludwig Wittgenstein (1889-1951). Ambos estavam preocupados com os significados das palavras e com a estrutura da linguagem como método de determinar se uma proposição está "certa". Wittgenstein argumentou que nada se pode fazer sem a linguagem, que todos os nossos pensamentos são linguisticamente artificiais e não passam de imagens da realidade. Ele descreveu a realidade como a totalidade dos fatos sobre o mundo, de modo que falar sobre qualquer assunto fora da realidade verificável, como a existência de Deus, não faz sentido. Como o conceito não faz parte da realidade factual do mundo, não há linguagem adequada para ele e, portanto, nada para a mente imaginar.

Os filósofos gregos céticos alegavam que o conhecimento jamais deve equivaler à certeza, apenas à probabilidade. Eles têm uma palavra para essa visão: "acatalepsia", que parece nome de doença.

Existe realmente a verdade?

A pergunta anterior, sobre como nós confirmamos se algo que sabemos é certo ou não, aborda inevitavelmente o conceito de "verdade". Literalmente, para que algo seja "verdadeiro", é preciso se conformar a um fato ou realidade. "Certo" e "verdadeiro" são palavras parecidas, mas não sinônimas Uma afirmação pode estar certa, ser verdadeira, ou ambos. Se for verdadeira também estará certa, mas se uma afirmação estiver certa não necessariamente será verdadeira. Posso demonstrar que não estou na Lua ou na Antártida ou em Tashkent. Posso argumentar que, por não estar nestes lugares, estou em outro lugar, e que, se estou em outro lugar, não estou aqui. Essa afirmação está certa como jogo de palavras, mas não é verdadeira.

Quando primeiro levamos em conta se algo é verdadeiro, podemos qualificá-lo dizendo para rebater o argumento mais forte que é verdadeiro ou não "para mim". Já foi dito que uma pessoa com experiência nunca fica à mercê de uma pessoa com um argumento: se eu alego ter dor de cabeça, ninguém pode apresentar uma justificativa para me contradizer. Isso nos leva a perguntar se algo pode ser tanto verdadeiro quanto totalmente subjetivo, e também se algo inverificável pode ser considerado verdadeiro. É importante levar em conta que podemos ter certeza se algo é verdadeiro, mesmo que não possa ser provado. Posso saber quem quebrou a janela do meu vizinho, mas não tenho como provar.

"Jesus respondeu: '...para isso vim ao mundo, a fim de dar testemunho da verdade. Todo aquele que é da verdade ouve a minha voz.' Disse-lhe Pilatos: 'Que é a verdade?'"

(João 18:37-38)

A citação anterior define o manifesto de Jesus: ele veio até nós para dar testemunho da verdade. Dar testemunho

FILÓSOFO EM CINCO MINUTOS

exige conhecimento e autoridade e, quatro capítulos antes, João registra que Jesus alegava *ser* a verdade (João 14:6). Mas de que verdade Jesus deu testemunho? Por mais que entendamos e interpretemos os ensinamentos de Jesus, a verdade que ele representou pode ser considerada absoluta ou final, exigindo que pensemos em termos de significado e sentido da vida num contexto eterno. Todas as religiões dão testemunho da verdade absoluta, uma noção que nos leva para além da verdade relativa da realidade, situada por Wittgenstein num reino que ele consideraria ininteligível. O físico teórico alemão Werner Heisenberg (1901-1976) disse que "jamais será possível chegar-se, pela razão pura, a alguma verdade absoluta".

Então devemos permitir que algo além da razão pura nos dê acesso a verdades que não fazem parte do que pensamos ser o mundo "real"? Ainda que tenham sido desacreditados pelos filósofos da lógica, muitos alegam compreender verdades "maiores" por meio da contemplação, intuição, fé e iluminação. A maioria das tradições religiosas aconselha seus seguidores a se voltar para dentro, sugerindo que aquilo de que Jesus deu testemunho será encontrado dentro de cada um. O mestre zen-budista Dogen Zenji (1200-1253) perguntou: "Se você não consegue achar a verdade onde você está, onde mais espera encontrá-la?" Alguns ficarão mais confortáveis com a afirmação de Gustave Flaubert (1821-1880) de que "não há verdade. Só há percepção". Outros podem descobrir, como Sri Ramana Maharshi (1879-1950), que "não existe Verdade. Existe apenas a verdade dentro de cada momento".

O que podemos saber sobre o futuro?

Desde a antiguidade, o futuro vem assombrando e atraindo as pessoas. Sempre desejamos saber o que irá acontecer nos meses e anos que estão por vir, e nossas tentativas de descobrir produziram uma variedade extraordinária de métodos e técnicas. Entre elas estão: ler entranhas de animais, consultar oráculos, interpretar profecias, ler o tarô, quiromancia, interpretação de sonhos e astrologia. Tais métodos trabalham dentro de parâmetros sobrenaturais ou paranormais e, como era de se esperar, são alvos do ceticismo científico. O que se descobre sobre o futuro por estes meios provavelmente está mais perto da especulação do que do conhecimento.

Métodos mais racionais de antecipar o que está por vir envolvem as chamadas teorias da probabilidade e o uso da matemática, da física quântica e de modelos computacionais. Assim está se tornando possível, por exemplo, prever a probabilidade de um terremoto ou de uma erupção vulcânica. A Nasa foi capaz de avisar que em 2012 teria uma atividade sem precedentes de manchas solares, que afetaria indiretamente a Terra. A demografia permite saber o tamanho e a proporção do aumento de habitantes do planeta e em que países isso provavelmente acontecerá de forma mais pronunciada. Essas estatísticas, por sua vez, indicam o que deve ser feito para alimentar a população crescente. A observação do meio ambiente nos deixou cientes do aquecimento global, e acredita-se que os efeitos disso a longo prazo podem colocar o planeta em risco. No dinâmico universo da política, uma forma interessante e muito utilizada de previsão estatística são as pesquisas de opinião, que tentam indicar o resultado de uma eleição ou referendo. Da mesma forma, na área de negócios, especialmente para as empresas globalizadas, imensos bancos de dados de estatísticas ajudam a prever mudanças nos mercados.

Porém, embora seja reconfortante saber que radiotelescópios estejam buscando informações capazes de indicar a probabilidade de a Terra entrar em rota de colisão com um grande meteorito e que a confiança dos investidores e acionistas seja justificada pelas projeções feitas por especialistas em oferta e procura e outras variáveis comerciais, essas questões não fazem parte das preocupações diárias de boa parte das pessoas. Elas ficariam contentes em saber o que lhes acontecerá na semana que vem ou mesmo amanhã à tarde. Adorariam saber qual cavalo vencerá a próxima corrida ou quais times de futebol irão ganhar, perder ou empatar. E o mais importante: todos gostaríamos de saber se nossa boa saúde vai se manter ou, se estivermos doentes, quais as chances de recuperação. Fontes profissionais nos dão indicações claras destes aspectos do futuro, mas a médio e longo prazo, quem quiser saber o que irá acontecer a si, à família e aos amigos ainda precisa recorrer a horóscopos, cartomantes e profetas.

Peter Drucker (1909-2005) sem dúvida estava certo ao dizer que "a melhor maneira de prever o futuro é criá-lo", mas não há como saber se o que criamos será sustentável.

O que nós "precisamos" saber?

Num determinado sentido essa é uma pergunta aberta, cuja resposta depende do tempo, do lugar e da circunstância. Em outro sentido, a resposta está concentrada em nossa necessidade de sobreviver fisicamente. Há cerca de 100 mil anos, seria preciso saber construir um abrigo, cobrir o corpo, caçar e procurar comida, fazer e manter fogo, além de sobreviver a traumas físicos e doenças. A complexidade de um grupo social altamente desenvolvido exige especialização, e isso aos poucos nos afastou da necessidade de ter essas informações de sobrevivência. Hoje o que precisamos saber para sobreviver fisicamente foi entregue a outros: à indústria da construção, aos produtores e distribuidores de alimentos, às pessoas com conhecimentos médicos, aos serviços de emergência e às forças armadas. No assim chamado "Terceiro Mundo", os indivíduos ainda precisam se preocupar com a sobrevivência física e, embora ajudadas por organizações de auxílio, continuam diretamente responsáveis pelo próprio bem-estar. No mundo ocidental, o que a maioria de nós precisa saber é como sobreviver financeiramente.

O princípio militar do sigilo de informações exige que seja dado à pessoa apenas o conhecimento suficiente para fazer o seu trabalho, pois o que não se sabe não pode ser revelado sob coação, algo fundamental no contexto militar. Pode-se dizer que a vida é estruturada de forma semelhante. Pelo fato de confiarmos nossa sobrevivência física a outras pessoas, precisamos saber apenas o necessário para buscar o sucesso profissional, e podemos não saber tanto quanto deveríamos. Em termos bem amplos, o que precisamos saber é determinado pelas lacunas em nosso conhecimento. De igual importância, contudo, é o tipo de conhecimento que permite formar nossas prioridades e nosso senso de valores, pois estes determinam o tipo de decisões e julgamentos que fazemos ao longo da vida cotidiana.

Obviamente precisamos nos conhecer e, diriam alguns, conhecer Deus em seja lá qual forma ele se dirija a nós, mas não precisamos quebrar a cabeça para saber o significado final de tudo, apenas que a vida tem sentido, mesmo que às vezes ele seja dado por nós. Mas talvez o menos óbvio e o mais importante que precisamos saber seja como mudar num mundo que está sempre em constante e rápida mudança. Charles Darwin (1809-1882) afirmou: "Não é a espécie mais forte que sobrevive, nem a mais inteligente. É aquela que é mais adaptável à mudança."

"Quero saber, por exemplo, por que a beleza existe, por que a natureza continua a criá-la, e qual é a ligação entre a vida de uma árvore e a sua beleza, e o que conecta a mera existência do mar ou de uma tempestade de relâmpagos com os sentimentos que ela desperta dentro de cada um de nós? Se Deus não existe, se essas coisas não estão unificadas em um sistema metafórico, então por que exercem tamanho poder simbólico sobre nós?"

Anne Rice (1941)

● ●

Grande conhecimento implica grande sabedoria?

Os filósofos geralmente consideram a sabedoria como a capacidade de fazer o melhor uso do conhecimento. Ela foi personificada em todas as culturas, sendo que no Ocidente a sabedoria foi mais comumente retratada na arte e na poesia como a deusa "Sofia". Os sofistas gregos se ofereciam para ensinar sabedoria profissionalmente. O Antigo Testamento contém seis livros "da Sabedoria", e o filósofo judeu helenista Fílon (20 a.C.-50 d.C.) usava o termo *logos* para harmonizar os conceitos platônico e judaico de sabedoria, uma ideia obtida no prólogo do Evangelho de João. Em todas as formas do cristianismo e na cabala judaica, Sofia como a Sabedoria Sagrada vem sendo fundamental no misticismo. Para os budistas, o termo em sânscrito *prajna*, traduzido como "sabedoria", diz respeito ao conceito básico da tradição mahayana, entendido como a intuição vivenciada de modo imediato ou uma compreensão intuitiva. É algo além da conceituação, o núcleo do *insight* no vazio que é a verdadeira natureza da realidade. Como tal, a sabedoria se iguala à iluminação, sendo um dos sinais da natureza búdica.

O debate sobre a relação entre conhecimento e sabedoria frequentemente colocou os dois em lados opostos, mas ao nível do significado não há conflito. Uma pessoa pode ter muito conhecimento e não ter sabedoria, mas se for sábia terá muito conhecimento. O conhecimento se aprende e a sabedoria é adquirida pela experiência, porém, embora ambos estejam intimamente ligados, a sabedoria se destaca, como observou Herman Hesse (1877-1962): "O conhecimento pode ser comunicado, mas a sabedoria, não. Uma pessoa pode encontrá-la, vivê-la e ser fortificada por ela, operar maravilhas por seu intermédio, tudo menos comunicá-la e ensiná-la."

Tanto a sabedoria quanto o conhecimento exigem compreensão, e ambas estão relacionadas à inteligência, mas seu valor e papel na vida se encontram em eterna tensão. Na educação, o conhecimento corresponde a memorizar uma quantidade incontável de fatos: a necessidade de saber *sobre* as coisas é indispensável para o sucesso na longa série de testes e exames enfrentados pelos estudantes. Somos ensinados a aplicar o conhecimento, mas é mais uma questão de aplicá-lo ao próprio conhecimento do que à vida em si. A medida do valor de uma pessoa é determinada não só pela extensão do seu conhecimento, e sim pelo quanto ele pode ser relembrado rapidamente. Testar o quanto uma pessoa sabe é o objetivo de programas de rádio e televisão imensamente populares. Os resultados são extraordinários, e vamos admirando a memória prodigiosa dessas pessoas e a velocidade com que se lembram daquilo que Santo Agostinho (354-430) chamava de "conhecimento racional das coisas temporais".

> "A sabedoria não permite que nada seja bom para sempre, que nenhum homem precise de outra felicidade além da que tem dentro de si, que nenhum homem seja grande ou poderoso se não for mestre de si mesmo."
>
> SÊNECA, O JOVEM (3 A.C – 65 D.C)

Como, então, podemos reconhecer numa pessoa a diferença entre conhecimento racional e sabedoria real? Podemos ouvir alguém dizer algo profundo ou dar conselhos que sabemos serem perspicazes, mas ter confiança de que uma pessoa é *consistentemente sábia* exige um relacionamento, como entre aluno e professor ou discípulo e guru. Neste tipo de relacionamento acabamos percebendo que a sabedoria se vale de conhecimento e experiência abrangentes. A sabedoria não reside apenas nas faculdades mentais da razão e inteligência, ela também se baseia em emoção, vontade e espiritualidade. Apesar disso, a sabedoria sempre permanece calcada no conhecimento, mas apenas o ouvinte sábio reconhecerá a sabedoria ouvida: "É preciso ter sabedoria para entender a sabedoria: a música de nada serve se a plateia for surda." (Walter Lippmann, 1889-1974).

2
Individualidade

"Sobretudo, sê a ti próprio fiel; segue-se disso, como o dia à noite, que a ninguém poderás jamais ser falso."

WILLIAM SHAKESPEARE (1564-1616), DE *HAMLET*

"Quem nunca parou, amedrontado, diante das cortinas do próprio coração?"

RAINER MARIA RILKE (1875-1926)

Quem sou eu?

Uma forma óbvia de responder a essa pergunta é examinando a própria ascendência e o histórico familiar, o tipo de investigação feita pelo popular programa de TV britânico sobre genealogia *Who Do You Think You Are?*. Normalmente, não valorizamos a nossa história genética. Podemos atestar as semelhanças físicas com o pai e a mãe ou observar os traços visíveis dos irmãos que passam às próximas gerações como marcas familiares. Mas a pergunta nos leva além do parentesco e da herança genética. Quem eu sou também é determinado pelo ambiente, pela educação e pelos relacionamentos.

A questão da identidade está claramente aliada ao autoconhecimento. Nós nos definimos pelo que sabemos a nosso respeito, e a forma pela qual as outras pessoas nos percebem contribui para isso. Enquanto esperava execução pelos nazistas, Dietrich Bonhoeffer (1906-1945) escreveu um poema intitulado "Quem sou eu?". Mesmo na prisão militar onde estava confinado, Bonhoeffer parecia estar em paz consigo mesmo, mostrando-se cordial com os guardas e no comando de suas emoções, embora internamente estivesse atormentado devido ao seu destino e o dos amigos. O poema pergunta se o autoconhecimento reflete o que as outras pessoas dizem sobre nós ou "só o que eu mesmo sei". A única certeza, considerando as convicções luteranas de Bonhoeffer, era o fato de ele pertencer a Deus.

O nome não faz nenhuma afirmação sobre quem somos, é meramente um rótulo colado numa pessoa: *Eu sou*

David, eu sou Maria, oferecendo apenas um ponto útil de referência. A profissão também é apenas descritiva: saber que você é dono de loja ou médico pode indicar alguns aspectos de quem você é devido ao papel que exerce, mas não faz nenhuma afirmação essencial. Também não podemos definir quem somos a partir da soma total da experiência de vida em algum momento. Quem sou eu? "Sou budista tibetano" diz algo *sobre* você, "estudei na Inglaterra" revela um pouco mais, e "agora estou morando na Alemanha" acrescenta algo ao quadro geral, mas é tudo o que temos: um quadro.

"Conhecer os outros é sabedoria, conhecer a si mesmo é iluminação."

LAO TZÉ (570-490 A.C)

Para responder à pergunta, devemos levar em conta mais do que o corpo e suas circunstâncias, e alguns podem sustentar que a mente e/ou alma é o ponto principal. Isso nos leva às águas profundas do dualismo mente/corpo. Eles são entidades separadas como propôs René Descartes (1596-1650) ou são aspectos diferentes de um único ser? Em sua *Meditação 17*, John Donne (1572-1631) escreveu a famosa frase: "Nenhum homem é uma ilha, isolado em si mesmo", e é possível dizer com certeza que a pergunta "Quem sou eu?" pode ser respondida apenas em termos dos nossos relacionamentos, visto que, como afirmou Martin

Buber (1878-1965), "no começo é relação", portanto, "toda a vida verdadeira é encontro".

Antes de nascer eu fui outra pessoa?

Para hindus e budistas, essa é a pergunta mais importante da vida. Ela é feita há tanto tempo e gera ideias tão profundas que o mínimo que podemos fazer é dar uma pausa e pensar sobre o assunto.

Ter vivido anteriormente e renascido após a morte implica algum tipo de ciclo. Os budistas têm um termo para esse ciclo de nascimento, morte e renascimento: *samsara*, palavra em sânscrito que significa "perambulação". Quebrar o ciclo de existências significa atingir o chamado *nirvana* — literalmente "extinção" ou "iluminação" —, que por sua vez nos leva a um modelo totalmente diferente de ser e ao destino final da nossa jornada. O que nos prende a esse ciclo eterno é o consumismo, nossa ligação com as "coisas", além da busca pela realização no que é meramente material e transitório. Isso é uma ilusão, um erro que afeta o comportamento de todas as formas e nos envolve no karma. Essa palavra significa "ação", mas está ligada tanto às nossas intenções quanto aos atos. Tudo o que pensamos, fazemos e dizemos tem uma consequência. Cada um de nós acumula um karma pessoal, a soma das nossas intenções, através da qual nós nos recriamos. Dessa forma estamos em constante evolução e, se quisermos saber quem fomos antes de termos nascido, podemos obter algumas pistas olhando para quem somos agora. Do mesmo modo, se quisermos saber quem seremos numa existência futura, levar em conta o que estamos pensando e fazendo agora pode nos dar uma indicação.

Seria tolice considerar essa interpretação da jornada da vida como um tipo de fatalismo, sugerindo que nosso caminho está de alguma forma definitivamente traçado pelas consequências do comportamento prévio acumuladas na forma de karma. O karma não procura explicar o mal e o sofrimento, e sim mostrar que para cada ação existe uma reação e que temos controle sobre a vida. O fato de sermos seres em evolução implica a necessidade de mudança. Tal mudança é ocasionada pelas escolhas que fazemos.

Existem registros de pessoas que têm conhecimento de uma existência anterior. Embora muitos pareçam ter recebido vislumbres de uma vida passada, a maioria de nós pensa apenas no quanto esse conceito é improvável. As tradições hindu e budista que deram origem à intrigante ideia de reencarnação sugerem que uma forma de descobrir quem fomos antes de termos nascido é realizar a prática da meditação. Dessa forma, a mente se acalma e se concentra de tal modo que nos leva a recuperar a lembrança de uma vida passada.

O que é o "eu"?

Geralmente, quando pensamos na ideia de "eu", falamos sobre a consciência da própria identidade e as qualidades que nos fazem diferentes dos outros. O "eu", então, pode ser o equivalente à singularidade. Vamos analisar isso numa pergunta mais adiante (ver página 70). Tentar responder à pergunta "O que é o 'eu'?" é fundamental para o trabalho dos psicólogos. Freud usou o termo "ego" para se referir à entidade que sabemos ser distinta de todos os outros aspectos do mundo. Ela controla o pensamento, o comportamento, a percepção consciente, o raciocínio e senso comum, que se unem para nos manter em contato com a realidade externa. Para Jung, o Si Mesmo ou Self é um dos arquétipos, isto é, um dos padrões de pensamento inatos, adquiridos a partir da experiência coletiva do passado da humanidade. Outros exemplos de arquétipos são a Grande Mãe e o Herói. O arquétipo de Self é a mistura coerente do consciente e do inconsciente, ao qual chegamos por meio de um processo que Jung chama de "individuação", a reunião num todo unificado de todos os diferentes aspectos de nossa constituição, ou o que Adler chama de "indivisibilidade da personalidade". Para Jung, esse é o centro regulador da psique.

Os filósofos também abordaram essa pergunta. Platão identificou o "eu" como a alma, e Descartes como o "eu" de seu famoso "penso, logo existo", alegando que o "eu" faz o ato de vivenciar. Contudo, David Hume (1711-1776) acreditava que nós vivenciamos apenas "percepções da mente" soltas e separadas, e a autoconsciência seria apenas uma delas. Immanuel Kant (1724-1804) também argumentou que o "eu" permanente é o sujeito da experiência ordenada e coordenada: temos que permitir um conceito de "eu" simplesmente porque "algo" está fazendo o ato de vivenciar.

Nesse processo de vivenciar, o "eu" está sujeito a todo tipo de ocorrência física: ele faz sua própria construção do mundo perceptível, que pode ser igual à feita por outros "eus" ou bem diferente. Ao sentir, imaginar, lembrar-se e pensar, o "eu" forma a história mental de uma pessoa. Como escreveu Ugo Betti (1892-1953): "Quando digo 'eu', estou falando de algo absolutamente único, que não deve ser confundido com nenhum outro." Certamente, no núcleo da consciência humana, parece haver uma entidade, um ponto fixo servido pelo termo "eu", pois como pode algo que é o sujeito da experiência, que assimila e responde a constantes mudanças, não ser uma entidade imutável?

"Pode-se entender o cosmos, mas nunca o ego; o eu está mais distante do que qualquer estrela."

G. K. CHESTERTON (1874-1936)

Eu sei que existo através deste "eu" sobre o qual penso e do qual falo. Posso ter certeza de que "eu sou", não importa quais critérios eu use para confirmar isso. E também que este "eu" é o sujeito da autoestima, tem uma autoimagem e gosta de pensar em si mesmo como sendo livre e autônomo. Temos autoconsciência, sabemos o que o "eu" pensa e faz, vivenciamos o autoconhecimento, a insegurança e a autoestima, mas o problema começa quando perguntamos o que é o "eu". Não importa como abordamos a questão, ela continua sem resposta.

Quantos "eus" eu tenho?

Não estamos aqui preocupados com o Distúrbio de Personalidade Múltipla, no qual o doente tem consciência de personalidades distintas e separadas, e sim com a sensação partilhada por muitos de nós que existimos como um "eu" em diversas formas. Somos infinitamente variáveis ao ponto de em algumas circunstâncias podermos dizer "estava fora de mim" ou "não acredito que realmente fiz [ou disse] isso". Nosso "eu" público é marcadamente diferente do privado, e sabemos que mudamos de acordo com o ambiente social, de modo que exibimos um "eu" diferente em relação a pessoas diferentes. O sociólogo norte-americano Charles Cooley (1864-1929) escreveu o conceito de "self-espelho", sugerindo que nos adaptamos e moldamos às opiniões e percepções que os outros têm de nós. Não se trata de "ver-nos a nós mesmos como os outros nos veem", e sim de nos transformarmos no que os outros pensam que somos. Fazemos isso o tempo todo, e essa constante adaptação gera uma variedade extraordinária de "eus".

Na maioria das vezes, isso é feito conscientemente. Em cada situação nós nos transformamos em diferentes "eus" devido à pressão social para seguir as normas ou à pressão pessoal para estabelecer a própria singularidade. Normalmente isso não causa danos, mas se tanto nós quanto os que nos conhecem perderem de vista quem realmente somos durante este processo de criação de múltiplos "eus", isso pode ser um problema. Somos conhecidos por ser um determinado tipo de pessoa, com todos os aspectos complexos de caráter e personalidade que isso envolve. Contudo, o contexto social muda constantemente; e, ao fazer o esforço para ser o indivíduo que acreditamos ser reconhecido pelos outros e responder ao que os outros acreditam que somos, acabamos nos envolvendo na autoimitação. Em cada um desses papéis variáveis, seja na vida particular, social ou profissional, nós temos diferentes desejos, necessidades, ambições, pontos fortes e fracos.

"Um homem tem tantos eus sociais quanto há indivíduos que o reconhecem."

WILLIAM JAMES (1842-1910)

Nós também apresentamos um "eu" diferente para consumo interno. Quando estamos em processo de luto, o "eu" fica afastado como forma de aliviar a dor. Quando estamos envergonhados ou magoados, o "eu" se volta para dentro até que possamos encarar o problema de modo objetivo. Além disso, outros "eus" ficam em evidência quando estamos felizes, somos elogiados ou estamos assustados. Enquanto vivermos por meio de um caleidoscópio de experiências e suas respectivas emoções, um de nossos vários "eus" entrará em ação. Por exemplo: o "eu" confiante, o questionador, o racional ou o intuitivo. Todos existem na mesma pessoa, é claro, mas são aspectos diferentes do nosso "eu" *essencial*. Os vários "eus" cumprem funções diferentes, e apelamos para eles porque a experiência nos ensinou que esse é o melhor método para lidar com as constantes mudanças da vida. A questão fica ainda mais complicada quando levamos em conta as diferentes áreas em que temos potencial. A maioria das pessoas tem vários talentos, mas devido a escolhas específicas, geralmente feitas na juventude, a gama completa de possibilidades acaba se perdendo. A mesma pessoa poderia ter sucesso em várias carreiras diferentes e cada uma teria moldado o "eu" de uma determinada forma. O "eu" que emerge como dominante é moldado por essas escolhas, mas os outros "eus" permanecem e geralmente assumem o palco por alguns instantes. O fundamental para a felicidade é escolher o caminho que deixará o núcleo ou "eu" verdadeiro mais realizado. A psiquiatra suíça e pioneira nos estudos sobre a "quase morte" Elisabeth Kübler-Ross (1926-2004) indicou o "eu interior" como prioridade: "Não é o fim do corpo físico que deve nos preocupar. Ao contrário, nosso interesse deve estar em viver enquanto estamos vivos — para livrar o eu interior da morte espiritual que provém do viver por trás de uma fachada construída para que nos conformemos com as definições externas de quem e o que somos."

É possível conhecer a si mesmo?

Embora seja difícil de especificar uma definição do "eu", o autoconhecimento parece ser a chave para vários aspectos do conhecimento. Em alguns grupos, porém, ele está longe de ser crucial. O budismo, por exemplo, tem uma aborda-

GERALD BENEDICT

gem radicalmente diferente do conceito do "eu" e do auto-conhecimento, ensinando que a noção de um "eu" pessoal e individual é ilusória. Em contraste, as religiões bíblicas ensinam um conceito muito claro do "eu" tão dominante que serve de barreira entre nós e Deus, de modo que para "encontrar" Deus é preciso abandonar o "eu". Entre essas visões, existem diversas tradições que têm por objetivo levar os seguidores a conhecer ou perceber o seu "verdadeiro eu". Esse "eu" essencial está escondido embaixo de uma vida de condicionamento, entre várias camadas de impressões, ideias, suposições, raciocínios, filosofias, aversões, gostos e diferenças. Encontrar o "eu" verdadeiro, o que a psicologia existencial define como "autoatualização", na verdade se assemelha a descascar uma cebola ou a remover camadas de pintura para revelar a cor original. Mas embora não exista nenhuma literatura ou relato testemunhal ensinando a identificar o "eu" verdadeiro, acredita-se que encontrá-lo seja indispensável ao desenvolvimento de nossos talentos e nosso potencial. Sem dúvida a autoimagem influencia consideravelmente como vivemos, mas a impressão que temos a nosso respeito pode ser muito diferente da impressão que outras pessoas têm de nós.

Em um nível mais mundano, é preciso conhecer a si mesmo do modo mais completo possível. Num determinado sentido, tudo o que aprendemos contribui para o autoconhecimento, como Ralph Waldo Emerson (1803-1882) escreveu em seu *Journals*: "Não importa para onde vamos ou o que façamos, o eu é o único assunto sobre o qual estudamos e aprendemos" — e o programa de estudos do curso é bem

FILÓSOFO EM CINCO MINUTOS

grande. A única forma de aprender algo novo a respeito de si mesmo é buscando novas experiências, empreendendo jornadas ao que Sir Alfred Tennyson chamou de "mundo inexplorado" e assumindo o risco do romancista Henry Miller: "Todo crescimento é um salto no escuro, um ato espontâneo e não premeditado sem o benefício da experiência."

"O autoconhecimento é a propriedade daquele homem cujas paixões atuam com força total, mas que pondera sobre as consequências delas."

BENJAMIN DISRAELI (1804-1881)

É possível mudar a si mesmo?

O ponto interno e fixo de si mesmo, o "verdadeiro eu", não vai mudar. Na filosofia oriental ele é o *atman*, a autoessência imutável que, como já vimos, está escondida embaixo dos sedimentos acumulados de experiências e condicionamentos. O fato de existir algo imutável dentro de nós é sem dúvida reconfortante, tanto se pensarmos nisto em termos temporais quanto eternos. Mas em outros aspectos, o "eu" com o qual encaramos o mundo está sujeito a mudanças inevitáveis e constantes. "Precisamente porque as coisas estão como estão, elas assim não permanecerão", como escreveu o dramaturgo Bertold Brecht (1898-1956). A inevitabilidade da mudança parece ser programada: tudo — nós mesmos, os outros, o planeta, o universo em expansão — está num estado de constante fluxo. Muitas das mudanças pelas quais passamos são planejadas, mas apesar disso não temos controle sobre algumas das influências e pressões que também nos modificam. Em ambos os casos, existem momentos em que nos vemos relutando em mudar, não importa o quanto a mudança possa ser necessária.

Pode-se perguntar: até que ponto eu sou a mesma pessoa que habitou meu corpo pela primeira vez há tantos anos? O poeta norte-americano Ezra Pound (1885-1972) disse com razão: "Não existe motivo pelo qual o mesmo homem deva gostar do mesmo livro aos 18 anos e aos 48 anos." Seja qual for a resposta dada para essa pergunta, provavelmente teremos a mesma sensação de identidade, independente das várias mudanças pelas quais passamos. Algumas podem ser radicais, como uma alteração nas convicções políticas ou religiosas; outras podem ser circunstanciais, como a morte de um parente próximo, o fim de um casamento ou a mudança para outro país. Apesar de tais mudanças, nossa sensação do "eu" será constante.

"Se alcançares o que ainda não és, sempre haverá de estar infeliz com o que és. Onde estiver contente consigo mesmo, lá tu deverás permanecer. Continue a acrescentar, a caminhar, a avançar."

Santo Agostinho (354-430)

Mais sutis, e talvez mais significativas, são as mudanças de caráter, que não só serão mais perceptíveis aos nossos amigos e à nossa família a longo prazo como afetarão a nossa autoimagem. Qualquer uma das mudanças mencionadas anteriormente pode muito bem ocorrer devido a uma mudança de caráter. Até onde é possível mudar a si mesmo de modo a erradicar aspectos menos favoráveis do comportamento — como uma tendência criminosa ou disposição ao alcoolismo — é uma pergunta que ocupou vários psicólogos e sociólogos por muito tempo. Para mudar algo arraigado na personalidade, quase certamente seria preciso contar com a ajuda de especialistas, mas mudar uma atitude como impaciência, ser excessivamente crítico ou ter opiniões rígidas pode depender do quanto nós *desejamos* mudar e estivermos dispostos a implementar esse desejo. Toda mudança tem um preço e, mesmo com a alegação de John Henry Newman (1801-1890) de que "o crescimento é a única evidência da vida", esse crescimento pode ser doloroso.

O escritor francês Anatole France (1844-1924) acreditava que a vida é um processo de sucessivos nascimentos e mortes: "Todas as mudanças, mesmo as mais desejadas, têm sua melancolia, pois o que deixamos para trás é uma parte de nós. Devemos morrer para uma vida antes que possamos entrar em outra."

O quanto eu sou diferente dos outros?

Atualmente, como os criminosos estão descobrindo da pior maneira, cada um de nós tem um DNA único, um perfil genético distinto. Deixando de lado as grandes semelhanças dos gêmeos e as similaridades causadas por características familiares herdadas, os seres humanos apresentam uma vasta gama de diferenças físicas. E ainda mais variados que as diferenças físicas são os traços de caráter, personalidade e temperamento que nos distinguem dos demais. Gostamos de pensar que estamos sendo autênticos durante boa parte do tempo, e desde a tenra infância somos encorajados a sê-lo. Contudo, existem muitas restrições no sentido de limitar a autoexpressão que mostra nossa individualidade ao mundo. Se não nos destacarmos da multidão, a individualidade só ficará evidente em frestas avistadas pelo véu da familiaridade por meio do qual a família e os amigos nos enxergam. O costume e as leis nos condicionam a seguir uma norma, e a maioria dos jovens quer fazer parte do seu grupo de colegas, buscando se enturmar e, ao mesmo tempo, expressar como eles são diferentes dos outros.

A cantora e atriz norte-americana Bette Midler (1945) aconselha: "Valorize para sempre a sua singularidade, você será um verdadeiro idiota se não o fizer!" Então, além das características físicas, como podemos ser diferentes das outras pessoas? Qualquer resposta teria que obrigatoriamente ignorar aspectos de caráter provisórios, variáveis e subjetivos, como ser atraente, ter senso de humor e gosto estético. Tendo isso em mente, os atributos que poderiam determi-

FILÓSOFO EM CINCO MINUTOS

nar como somos diferentes das outras pessoas podem incluir inteligência, capacidade cognitiva, capacidade criativa, temperamento e a medida de introversão/extroversão. Nem todos esses atributos são "fixos". Eles não permanecem inteiramente iguais ao longo da vida adulta de um indivíduo: por exemplo, a capacidade cognitiva ou criativa pode mudar de acordo com as circunstâncias, e nenhuma delas isolada definiria a singularidade pessoal, mas juntas elas realmente contribuem para o que se chama de personalidade.

É difícil avaliar o quanto somos diferentes dos demais, o que nos joga de volta ao debate "natureza versus criação", para o qual não há resposta, embora os avanços na genética e na ciência do cérebro estejam favorecendo a natureza. Já foi dito que a individualidade é uma das várias coisas que temos em comum, mas há quem não se sinta confortável com o fato de ser visto como diferente. Outros percebem que a sociedade frustra suas tentativas de demonstrar individualidade. Rudyard Kipling (1865-1936) observou que "o indivíduo sempre teve que lutar para não se deixar dominar pela tribo. Ser dono de si é uma tarefa difícil. Se o tentar, você se sentirá sozinho e às vezes terá medo. Mas nenhum preço é demasiado alto pelo privilégio de ser dono de si".

A autoafirmação está sempre errada?

A autoafirmação costuma estar associada à promoção agressiva de interesses, opiniões ou exigências de modo a sugerir uma sensação de superioridade em relação aos outros e suas visões de mundo. De modo mais positivo, pode ser a afirmação dos direitos e das opiniões de alguém contra algo que ameace esses direitos ou que seja moralmente errado. A autoafirmação pode ser válida se o objetivo for a busca de reconhecimento por um trabalho ou causa que lhe foi injustamente negado. Como frequentemente acontece com assuntos que nos afetam pessoalmente, o que determina a legitimidade não é o que fazemos, e sim *como* fazemos, e esse equilíbrio pode ser tênue. O filósofo político John Stuart Mill (1806-1873), um defensor da liberdade individual, expressou essa tensão em sua forma mais radical: "A autoafirmação pagã é um dos elementos da dignidade humana, tanto quanto a autonegação cristã."

O modelo estrutural da psique criado por Sigmund Freud (1856-1939) apresenta três partes: o id, o ego e o superego. Segundo ele, o id "é a parte escura e inacessível da nossa personalidade... Está cheio da energia que lhe chegam das pulsões... O ego representa o que pode ser chamado de razão e senso comum", enquanto o superego pode ser pensado como um "tipo de consciência que pune o mau comportamento com sentimentos de culpa". É o ego que nos interessa aqui: a parte da psique que, segundo a imagem de Freud, monta o id como se fosse um cavalo indomável que tira sua energia não do próprio id, mas de outro lugar. Embora Freud tenha definido o ego como a parte da mente que guarda a consciência, hoje a palavra tem vários significados. A filosofia o adotou para ser o "eu" experimentado, identificado não com o corpo ou a men-

FILÓSOFO EM CINCO MINUTOS

te, mas com uma faculdade que organiza nossas atitudes *na direção* do corpo, da mente, do mundo físico e social. Portanto, o "eu" concentra a identidade e a individualidade, atuando como uma bússola e fornecendo uma orientação consistente por meio da qual nos localizamos durante a jornada passada, presente e futura ao longo da vida. A autoafirmação, a promoção consciente do "eu" no que diz respeito ao ego, ficou associada à autoestima e a uma sensação exagerada de valor. Em resumo, a autoafirmação é uma expressão do nosso egoísmo.

"O direito de natureza... é a liberdade que cada homem possui de usar seu próprio poder, da maneira que quiser, para a preservação de sua própria natureza, ou seja, de sua vida."

THOMAS HOBBES (1588-1679)

O cineasta Akira Kurosawa (1910-1998) diferenciou o egoísmo do altruísmo com precisão afiada: "Os japoneses veem a autoafirmação como imoral, e o autossacrifício como o caminho sensato a tomar na vida." O que se mostra mais próximo da imoralidade provavelmente é o egoísmo, que sempre assume a forma da autoafirmação, seja flagrante ou disfarçada. Oscar Wilde (1854-1900) define de modo incisivo, como lhe é habitual: "Egoísmo não é viver à nossa maneira, mas desejar que os outros vivam como nós queremos." Contudo, o interesse esclarecido por si mesmo às vezes se mostra essencial como técnica de sobrevivência, vide a compreensão do rabino babilônico Hillel (110 a.C. – 10 d.C.): "Se eu não for por mim, quem o será? E quando sou por mim, o que sou? E se não for agora, quando será?"

3
Cosmos

"Nós e o cosmos somos um só. O cosmos é um vasto corpo vivo, do qual somos parte. O Sol é o grande coração cujos tremores percorrem a menor de nossas veias. A Lua é o grande e cintilante centro nervoso que continuamente nos faz palpitar."

D. H. Lawrence (1885-1930)

O universo tem uma origem no tempo?

Muito antes de os astrofísicos formularem as atuais teorias sobre a origem do universo, os filósofos e teólogos tentaram dizer algo coerente sobre o assunto. As tentativas mais conhecidas de responder a esta pergunta talvez tenham vindo das religiões que forneceram um relato mítico da criação como algo que nos foi dado, vide o Gênesis. Se o princípio da causa e efeito for aplicável, o Deus criador representa a "Causa Primeira", isto é, o que desencadeou todo o processo. Os filósofos gregos costumavam evitar o conceito de criação porque não confiavam numa cosmologia que exigia a intervenção divina. Para eles, o universo e a raça humana sempre existiram e continuariam a existir. Para o filósofo Immanuel Kant (1724-1804), o tempo e espaço se originaram como conceitos ou construções da mente: nós não tomamos conhecimento deles do jeito usual, e sim pela intuição, que é confirmada por meio da experiência, visto que, usando a frase de Kant, nós empregamos os dois conceitos para "coordenação de todo e qualquer sentido externo". O argumento dele continua da seguinte forma: "Os que afirmam a realidade absoluta do espaço e do tempo, quer os considerem substâncias quer acidentes, têm que se colocar em contradição com os próprios princípios da experiência." Kant raciocinou que como o tempo e o espaço são "formas de intuição sensível", eles constituem o contexto no qual nós aprendemos e organizamos o conhecimento. Se o universo não tivesse uma origem no tempo, isso não seria possível.

Contudo, se o universo teve um começo, isso deixa aberta a pergunta sobre o porquê de ele ter começado num momento específico. Voltando ao relato bíblico, Santo Agostinho (354-430) não interpretou literalmente a história do Gênesis, descrevendo os seis dias da criação como uma estrutura lógica. Como ele escreve em seu *Comentário ao Gênesis*, "*creavit omni simul*": "Ele [Deus] criou todas as coisas ao mesmo tempo", e o tempo estava incluído em "todas as coisas".

A descoberta feita por Edwin Hubble (1889-1953) de que existem galáxias além da nossa, com base no efeito Doppler do deslocamento para o vermelho que levou à teoria do universo em expansão, tirou a pergunta das mãos dos teólogos e filósofos e a colocou nas mãos dos astrofísicos. O tempo não podia mais ser pensado como uma dimensão isolada. Mesmo se pudéssemos fazê-lo, o universo não teria uma origem no tempo no sentido linear. Isto é, não é possível dizer que ele começou a existir num determinado ponto no tempo. O tempo não pode existir independentemente do universo, e, segundo as teorias modernas da astrofísica, o que consideramos "tempo" passou a existir com o "Big Bang" (ou Grande Explosão). Tal expressão foi cunhada por Fred Hoyle (1915-2001) para distingui-la da alternativa criada por ele mesmo, a Teoria do Estado Estacionário (ou Universo Infinito), a ser analisada mais adiante. Apesar do nome, o "Big Bang" não foi uma imensa explosão, e sim um processo, que também será abordado mais adiante.

Nós conhecemos o tempo apenas porque também conhecemos o espaço. Como Albert Einstein (1879-1955) demonstrou, os dois se combinam de modo interdependente, para formar o conceito de espaço-tempo. Nessa dimensão, o universo teve uma origem específica, isto é, sabe-se que houve um começo mesmo que o debate sobre como foi esse início e de que forma o universo irá continuar pareça ser tão durável quanto o próprio universo.

O universo é infinito?

Uma visão simplista do universo que já foi muito comum o considera estático no sentido de ser imutável e de ter uma construção fixa, como um modelo. Essa visão também alega que o universo imutável existiu desde sempre. Isso não foi necessariamente pensado para ser uma contradição ao criacionismo, visto que também seria possível acreditar, como se faz hoje, que o universo foi criado num determinado ponto do tempo, sendo infinito tanto em dimensões espaciais quanto temporais. Numa espécie de mágica do mais que perfeito, Deus criou um universo que sempre existiu.

De acordo com a Teoria do Big Bang, num determinado momento no tempo o universo passou a existir por um processo tão imenso que foi responsável por tudo o que existe. A teoria sempre foi popular entre quem acredita que "nada do que foi feito" foi criado sem Deus, como descreve São João. Afinal, embora o Big Bang vá contra, por exemplo, o relato da criação em seis dias no Gênesis, ele permite que "algo" tenha tomado uma iniciativa criadora. Por outro lado, a Teoria do Universo Infinito, proposta em

GERALD BENEDICT

1948 por Hoyle e outros, alega que o universo sempre existiu, existe em todos os lugares e sempre foi assim. E continua dizendo que o universo não irá acabar, continuando a existir para sempre. Reconhecendo algo do Big Bang, a teoria diz que à medida que as galáxias se afastam, novas galáxias se formam nos espaços que se expandem entre elas a partir de matéria que está sendo constantemente "criada". Como não teve começo, o universo tem existência independente, não sendo obra de um criador. A ideia é consistente com a Primeira Lei da Termodinâmica, que diz respeito à conservação de energia e afirma que "a matéria e a energia não podem ser criadas nem destruídas". Contudo, Stephen Hawking e Sir Roger Penrose provaram que a teoria de Hoyle é falsa, transformando o Big Bang no modelo cosmológico padrão. A descoberta que negou a visão de Hoyle sobre o cosmos, feita por Arno Penzias e Robert Wilson, vencedores do Prêmio Nobel de 1978, foi a Radiação Cósmica de Fundo (RCF). Os radiotelescópios mostraram que os espaços entre as estrelas não são totalmente escuros, brilhando de modo uniforme e mais forte no espectro de rádio associado às micro-ondas. O "brilho" simplesmente está lá, não tem fonte e serve como prova das fases anteriores de expansão e resfriamento do universo, corroborando assim a teoria do Big Bang e a subsequente expansão cósmica. Mais recentemente, Hawking passou a adotar a Teoria M, que parece preparar o caminho para uma quantidade *infinita* de universos: "As flutuações quânticas", disse ele, "levaram à criação espontânea de pequenos universos, do nada. A maioria dos universos sofre um colapso rumo ao nada, mas os que chegarem a um tamanho crítico se expandirão de modo inflacionário, formando galáxias, estrelas e talvez seres como nós".

"O Universo é uno, infinito, imóvel. Não pode ser compreendido; por isso ele é indefinível e indeterminável e, portanto, não tem limite nem termo e, consequentemente, é imóvel."

GIORDANO BRUNO (1548-1600)

Isso nos leva a uma área da ciência em que é fácil para o leitor leigo ficar perdido, como se estivesse numa sala de espelhos intelectuais. Temos a sensação de ler sobre abstrações em vez da realidade empírica. É difícil transcender os limites do que o intelecto treinado na área de humanas pode compreender. Incapazes de dar forma imaginativa concreta a essa falta de limites, caímos novamente numa extrapolação do senso comum e da percepção da enormidade do que se pode ver acima de nós, seja a olho nu ou, de modo ainda mais fascinante, através de binóculos ou de um telescópio.

Contudo, por mais extraordinário que possa parecer, a astrofísica moderna está tendendo à ideia de que nosso universo é finito. Isso nos coloca diante de um paradoxo: embora o universo não seja infinito no espaço e o espaço não tenha nenhuma fronteira, ele é curvo, como Einstein demonstrou. Hawking fornece um resumo digno de vertigem: "Quando se combina a relatividade geral com o princípio da incerteza da mecânica quântica, é possível que tanto o espaço como o tempo sejam finitos sem quaisquer extremidades ou fronteiras."

A maioria de nós precisa contemplar estes enigmas com os pés firmemente plantados na Terra. Seja finito ou infinito, o universo existe no espaço, imaginável apenas como uma imensidão vaga e incomensurável que vai até onde a mente alcança, mas começa perto de casa. Além disso, Fred Hoyle nos conforta ao lembrar que o espaço "não é de fato remoto. Fica apenas a uma hora de viagem, se seu carro puder ir direto para cima".

O tempo teve um começo e um dia terá um fim?

Antes do Big Bang, toda a matéria do universo supostamente esteve num só lugar, um estado conhecido como singularidade, com densidade e temperatura infinitas. Em vez da explosão sugerida pela expressão "Big Bang", o que aconteceu foi uma expansão da singularidade. O "Big Bang" desencadeou o processo de expansão, reformulando a densidade infinita e o volume infinitesimal, originando o espaço e o tempo. Antes de isso acontecer, nenhuma das leis da física que conhecemos agora, como gravidade e termodinâmica, se aplicariam, mas uma vez iniciado o processo, todas as leis da física teriam sido ativadas. A Segunda Lei da Termodinâmica diz respeito ao princípio do decaimento, e, como ele acelera com o tempo,

FILÓSOFO EM CINCO MINUTOS

o universo irá algum dia entrar em colapso, levando o tempo a um fim.

Stephen Hawking (1942), em seu *Uma breve história do tempo*, propôs o que chamou de três setas do tempo. Essa proposição ajudou a compreender o que é o tempo e como ele funciona, e também nos levou de um conceito do tempo como construção da mente para outro que mistura as leis da física com a psicologia e a cosmologia. A direção da primeira seta é determinada pela Segunda Lei da Termodinâmica, sendo a velocidade em que a desordem ou entropia aumenta. Já a segunda é a seta psicológica do tempo, isto é, o jeito como sentimos o tempo passar, nossa consciência do presente e lembranças do passado. Em terceiro lugar, temos a seta cosmológica do tempo, determinada pela direção na qual o universo está se expandindo. Apenas quando as três setas apontam para a mesma direção existem as condições para o desenvolvimento de uma forma de vida inteligente o bastante a ponto de fazer perguntas. Contudo, o professor Hawking diz que a teoria quântica "apresenta uma nova ideia, a do tempo imaginário", que, embora pareça ficção científica, é "no entanto, um conceito matematicamente bem definido". Se nós imaginamos que o tempo é como uma das linhas de texto deste livro, o passado estará à esquerda, e o futuro, à direita, mas o tempo imaginário assume outra direção: vertical. É imaginário "porque não é o tipo de tempo que normalmente experimentamos. Mas de certo modo, é tão real quanto aquele que nós chamamos de tempo real". Assim, temos o tempo definido pelas direções das três setas, além da direção do tempo imaginário, e todas as quatro estão contidas no universo físico tendo, portanto, um começo e um fim.

Enquanto a filosofia ocidental é dominada por um conceito linear de tempo, povos como os maias consideram o tempo como algo circular. A ideia se baseia nos períodos que os corpos celestes levam para completar seus ciclos, seja um mês lunar ou o período muito mais longo (26 mil anos) de precessão que faz a Terra a as estrelas voltarem a um alinhamento específico. Os padrões cíclicos recorrentes na natureza parecem dar fé a esse conceito de tempo circular, mas a ideia de que intervalos repetidos de tempo também implicariam repetições da história ainda é uma pergunta aberta. Shelley acreditava que sim: "A história é um poema cíclico escrito pelo tempo sobre as memórias do homem." Stephen Hawking garante que o tempo teve um começo e terá um fim: "A conclusão dessa palestra é que o universo não existiu sempre. Ao contrário, o universo e o tempo por si tiveram um começo no Big Bang, há cerca de 15 bilhões de anos." E ele acrescenta que "ainda que o universo chegue mesmo a um fim, isso não acontecerá pelos próximos 20 bilhões de anos". Hawking calculou que o começo do universo ocorreu entre 13,3 bilhões e 13,9 bilhões de anos atrás.

O nosso planeta tem futuro?

Como já vimos aqui, o universo provavelmente continuará a existir por pelo menos 20 bilhões de anos, um período impossível de imaginar. O fim, quando vier, será

FILÓSOFO EM CINCO MINUTOS

73

um colapso, mas temos pouca noção da forma que este colapso terá. Contudo, isso nada informa sobre a possível duração do sistema solar mantido pelo nosso Sol. É teoricamente possível que o sistema solar possa entrar em colapso antes do universo, um evento que pode ser o sintoma de um mal maior.

O Sol foi formado há apenas 4,57 bilhões de anos, comparando com a formação do universo pelo Big Bang, entre 13,3 bilhões e 13,9 bilhões de anos. O Sol está no meio do que se chama evolução de sequência principal, um processo que, estima-se, vai durar outros 10 bilhões de anos. Mas daqui a cerca de 5 bilhões de anos ele vai entrar na fase de gigante vermelho e colocar a existência da Terra em perigo, pois ela poderá ser consumida pelo Sol. Contudo, em apenas um bilhão de anos a superfície da Terra será quente demais para ter água e, portanto, a vida no planeta terá acabado.

"Se não queremos morrer, devemos sacudir nossos velhos preconceitos e construir a Terra. Quanto mais eu analiso o mundo cientificamente, menos consigo ver algum futuro biológico possível para ele, exceto na consciência ativa de sua unidade."

PIERRE TEILHARD DE CHARDIN (1881-1955)

Se nós respondemos à pergunta sobre o futuro do planeta Terra em termos da duração da vida humana em vez da vida do universo, somos direcionados a questões como ecologia e o aumento populacional. Sem dúvida, a vida na Terra vai mudar radicalmente ao longo dos tempos. Cada vez mais espécies de animais e plantas serão extintas, os extremos climáticos ficarão mais perceptíveis, e os problemas para fornecer habitação e alimentos às pessoas, mais urgentes.

O interesse recente nas profecias maias, bem como nas previsões astrológicas chinesas, sugeriam que a Terra chegaria à extinção no ano de 2012. Previsões com data marcada à parte, alguns acreditam que nosso planeta está em risco iminente de tempestades solares, de impactos de asteroides, de um acidente envolvendo o acelerador de partículas europeu, da erupção de um supervulcão ou de alterações no campo magnético terrestre.

Estas são possibilidades factíveis, atualmente estão sendo monitoradas por agências como a NASA, o Observatório Armagh, na Irlanda, e o Centro de Astrobiologia da Universidade de Cardiff. Ninguém sabe quando algum desses eventos poderá ocorrer. Douglas Adams (1952-2001) fornece um cenário mais realista e responsável: "Não temos que salvar o mundo. O mundo é grande o bastante para cuidar de si mesmo. Nossa preocupação deve ser se o mundo onde vivemos será ou não capaz de nos sustentar nele."

De quem é este universo?

O programa *Horizon* do canal de TV britânico BBC 2, transmitido em abril de 2007, contou a história de Dennis

FILÓSOFO EM CINCO MINUTOS

75

Hope, o empreendedor de Nevada que encontrou uma brecha no Tratado do Espaço feito pela ONU em 1967 e alegou ser proprietário da Lua, juntamente com sete planetas e suas respectivas luas. Segundo o Sr. Hope, eram "terras verdadeiramente sem dono. Estamos fazendo exatamente o que nossos antepassados fizeram quando chegaram ao Novo Mundo partindo do continente europeu". Grandes empresas, astros de Hollywood, cadeias hoteleiras e três ex-presidentes dos EUA estão entre os que compraram terrenos na Lua de Hope e, em 2007, ele havia acumulado 9 milhões de dólares. Acredita-se que a China e a Rússia também estejam pensando em reivindicar propriedades no espaço. Trata-se de uma iniciativa inevitavelmente comercial, pois existe a possibilidade de lucros imensos a serem auferidos por meio da mineração na superfície lunar a fim de extrair um gás raro chamado hélio 3, fonte de energia limpa e sem poluição.

Existem várias agências na internet que vendem uma estrela ou oferecem a possibilidade de dar nome a uma estrela da qual você "é dono", pagando um determinado valor. Isso é uma fraude. As diretrizes da Sociedade Internacional de Planetários para nomear uma estrela são claras: "Os nomes reconhecidos para as estrelas e usados pelos cientistas são os que foram publicados por astrônomos de instituições científicas confiáveis. Estes são os únicos nomes aceitos e utilizados pela União Astronômica Internacional, a federação mundial de sociedades astronômicas. Estes nomes jamais são vendidos."

No que diz respeito à propriedade e à ocupação, só podemos esperar a criação de um acordo internacional nos moldes dos que existem para o Ártico e a Antártida, que permitem a ocupação apenas para fins de pesquisa. Mas deixando de lado a questão da propriedade dos corpos celestes, a pergunta continua: de quem é este universo?

Durante a maior parte da nossa história, acreditou-se que o universo estaria no reino dos deuses, sendo alguns associados a planetas específicos. Por exemplo, o deus da guerra estava ligado a Marte, e a deusa do amor, a Vênus. Parecia que os deuses habitavam os céus como as estrelas habitam Hollywood. Os judeus forneceram um relato da criação que fez um único Deus responsável por tudo e é igualmente confiável para cristãos e muçulmanos. De acordo com esse texto, Deus, como criador, também era o proprietário do universo. Para hindus e budistas, essa questão mal aparece, primeiro porque eles acreditam que todos os fenômenos são construtos da mente, e segundo porque para eles o universo visível definha e morre ao longo de períodos extremamente longos, apenas para reevoluir depois. Talvez devamos observar que os tipos de pergunta analisados até agora neste livro estão entre as 14 perguntas impossíveis de responder sobre as quais Buda se manteve em silêncio. Ele ensinou que tais especulações causam "agitação, desconforto, perplexidade e sofrimento". Em nossa contemplação do universo, existe quem concorde com Buda e poderia muito bem acrescentar a pergunta atual à lista dele.

Michel de Montaigne (1533-1592) fez uma afirmação pertinente: "A melhor coisa do mundo é saber pertencer a si mesmo." Só assim podemos ser donos do universo.

É possível se sentir "em casa" no universo?

Para algumas pessoas, o universo ou é um lugar vasto e ameaçador ou algo que "apenas está lá", ocasionalmente percebido durante uma olhadela para o céu, mas irrelevante no geral. Como a mente humana é finita e nosso tempo de vida é medido por um piscar de olhos cósmicos, não surpreende que a ideia de um universo infinito que sempre esteve lá pareça alienante. Podemos simpatizar com Blaise Pascal (1623-1662), quando ele diz: "O eterno silêncio do espaço infinito me assusta." Mesmo se fosse possível trazer as descobertas da astrofísica moderna para a nossa compreensão do universo, muitos, como Stephen Weinberg, descobririam que "quanto mais o universo parece compreensível, tanto mais parece sem sentido". Se não conseguimos achar um sentido no universo, como poderemos encontrar um sentido para nós?

Tradicionalmente, recorrer à religião faz as pessoas se sentirem em casa no universo, um lugar vagamente associado ao paraíso, nosso destino eterno. Ter fé de que o universo foi criado por um Deus caridoso e que elas também fizeram parte desta criação, teve o efeito — para os "crentes" — de dar um sentido tanto para a criação quanto para a vida humana. O antropósofo Rudolph Steiner (1861-1925) ensinou que estamos intimamente ligados a todo o cosmos, até na estrutura física de nossos corpos, e que o jeito de se sentir em casa no universo é compreender nossa importância singular. Em sua introdução ao livro de Steiner *At Home in the Universe*, Paul Margulies escreveu: "A Terra não é a nossa

casa. Nossa verdadeira casa fica no mundo das estrelas...
Sem alguma sensação de que somos seres espirituais nós
não nos sentiremos em casa no mundo das estrelas, nem
aqui na Terra."

"A alma não tem lugar no cosmos moderno."

RICHARD TARNAS (1950)

• •

Então a fé religiosa é uma condição para o ser humano se sentir em casa no universo? O físico norte-americano
David Bohn (1917-1992) defendeu que "em certo sentido
o homem é um microcosmo do universo; assim, o que o
homem for será uma pista para o universo. Estamos envolvidos no universo". Vivenciar esse "envolvimento" não
depende da crença religiosa. Muitos experimentam o universo esteticamente a partir do que se pode observar dele, e
a maioria tem uma sensação cada vez maior de assombro e
espanto à medida que a ciência revela mais sobre a origem
e natureza do universo. Como escreveu Wordsworth, nós
podemos adquirir

> Um sentido sublime,
> De algo mais profundamente entremesclado,
> Cuja moradia é a luz dos poentes,
> E o redondo oceano e o ar vivo,
> E o céu azul, e na mente do homem.

Ao que parece, somos jogados de volta à consciência que temos de tudo, especialmente a autoconsciência e o autoconhecimento: quanto mais o ser humano sabe, compreende e se sente à vontade consigo mesmo, mais ele se sentirá naturalmente parte do todo.

Faz diferença se nós estamos sozinhos no universo?

O monge, filósofo, matemático e astrônomo italiano do século XVI Giordano Bruno (1548-1600) escreveu: "Existem no espaço sóis inumeráveis e infinitas terras, que giram ao redor destes sóis e podem ter em si criaturas similares ou quiçá superiores às que estão em nossa Terra." Não surpreende que ele tenha sido queimado na fogueira em 1600. Em 1900, a Academia Francesa de Ciências ofereceu o prêmio Guzman de 100 mil francos "à pessoa de qualquer nação que encontre os meios de se comunicar com uma estrela e receber uma resposta nos próximos dez anos". Marte foi excluído porque naquela época acreditava-se que o planeta era habitado e, portanto, a comunicação seria fácil demais. A origem da vida e a existência dela em outros planetas continuaram gerando perguntas, e só há relativamente pouco tempo o assunto da vida extraterrestre deixou de ser ficção científica para virar ciência. Um artigo da Nasa chamado *Life in the Cosmos* [Vida no cosmos] dizia: "A procura pela vida além do nosso planeta de origem é uma das buscas mais imprescindíveis da ciência. Estamos sós no universo? Ou o universo, bem como o nosso planeta, está tomado por várias formas de vida e desafiará a compreensão que a humanidade tem de si mesma?" Foram descobertas provas da existência de oceanos de água líquida embaixo da superfície congelada de Europa, um grande satélite de Júpiter, mas Marte parece continuar sendo o melhor lugar para procurar vida extraterrestre, visto que vestígios da existência de água lá sugerem que sua geologia e seu ambiente tenham histórico semelhante ao da Terra. Em 1996, a Nasa anunciou que um meteorito que caiu na Terra há 13 mil anos na Antártida e foi recuperado em 1984 continha microfósseis de insetos marcianos. Atualmente não existe expectativa de encontrar vida em nosso sistema solar, mas o fato de existirem milhões de sistemas solares além do nosso torna intrigante e plausível a possibilidade de um planeta na órbita de outro sol ter alguma forma de vida.

A filosofia ocidental e a doutrina religiosa nos condicionaram a acreditar que a vida na Terra, com toda a sua biodiversidade, é única, e também que a espécie humana está sozinha no cosmos no que diz respeito a ter imaginação, bem como responsabilidades morais e o potencial para ter um espírito ou uma alma iluminada. Essa sensação de solidão fomentou a autoimagem humana e confirmou a indicação de vários mitos de criação de que somos superiores a todas as outras formas de vida. A possibilidade de haver vida em outros planetas expande o território da nossa vila global para horizontes inimagináveis, especialmente se essa vida for inteligente. O fato de nós ainda não termos recebido um sinal indicando a presença de vida em outro planeta dentro do cosmos não significa que ela não exista.

FILÓSOFO EM CINCO MINUTOS

Se recebêssemos um sinal ou se a vida extraterrestre fosse encontrada de outra forma seria um fato imensamente importante, especialmente pelas novas perguntas que muitos fariam sobre o sentido da vida na Terra e sobre a possibilidade de haver almas não humanas. Como o Astrônomo Real Sir Martin Rees (1942) escreveu, "nosso cosmos pareceria muito mais interessante. Nós olharíamos para uma estrela distante com renovado interesse se soubéssemos que ali existe outro sol, brilhando num mundo tão intrincado e complexo como o nosso".

"Existem no espaço sóis inumeráveis e infinitas terras, que giram ao redor destes sóis e podem ter em si criaturas similares ou quiçá superiores às que estão em nossa Terra."

GIORDANO BRUNO (1548-1600)

4
Humanidade

"Não valorizo nenhuma visão do universo na qual o homem e suas instituições absorvam boa parte da atenção. O homem nada mais é que o lugar onde eu me posto, e a perspectiva a partir daí é infinita."

HENRY DAVID THOREAU (1817-1862)

O ser humano é apenas mais um animal?

É certo que somos animais do gênero *Homo*, embora Darwin tenha demonstrado que os primatas são nossos ancestrais evolutivos há relativamente pouco tempo. Segundo os cálculos dos cientistas, nós nos separamos de um ancestral comum com os chimpanzés entre 5 milhões e 7 milhões de anos atrás. Alguns dos nossos antepassados mais imediatos, como o *Homo erectus* e o *Homo sapiens neanderthalensis*, agora estão extintos, enquanto a nossa espécie começou a sair da África e migrar para a Europa entre 50 mil a 100 mil anos atrás. Estes são os pontos básicos de um processo complicado para o qual existem teorias alternativas em termos de local e migração.

As religiões bíblicas destacam a humanidade como a única glória coroada da criação "ponto no tempo" de Deus, mas a evolução, bem como a "Revolução Científica", apontou para um processo muito longo que acabou com as distinções criacionistas entre nós e os outros animais. Aprendemos que fomos feitos à imagem de um primata maior em vez de Deus, e que, como Richard Tarnas define, "a mente humana não foi um dom divino, mas uma ferramenta biológica". Como todas as outras espécies, a humanidade está sujeita à seleção natural, um processo desenvolvido e sustentado pelas leis naturais.

A pesquisa científica atual (por exemplo, R. J. Britten, *Proceedings of the National Academy of Science*, 2002) diz que a semelhança entre o nosso DNA e o dos chimpanzés gira em torno de 95%. Os humanos têm 23 pares de cromossomos, enquanto os chimpanzés têm 24. Mesmo que biologicamente tenhamos apenas diferenças marginais em relação aos chimpanzés, existem distinções claras a serem feitas entre nós e eles, e, embora ambos sejam animais, as diferenças originaram uma forma radicalmente distinta de vida e de percepção. Talvez o mais notável seja o fato de vivermos com a sensação da própria mortalidade, que fornece por si só uma estrutura única de existência. Podemos refletir sobre isso e todos os outros aspectos da vida. Podemos desenvolver filosofias para expandir a compreensão; temos linguagens sofisticadas e meios eletrônicos de comunicação; somos capazes de sobreviver em ambientes estranhos a nós. Podemos nadar, andar e correr, transportar pessoas pelo mundo e até para a Lua. Somos criativos numa gama extraordinária de disciplinas. Criamos a vida, alteramos suas formas, fazemos julgamentos estéticos, e somos potencialmente capazes de destruir a vida na Terra.

"Que obra-prima é o homem..."

WILLIAM SHAKESPEARE (1564-1616), DE *HAMLET*

Hamlet ficou maravilhado com o fato de o homem ser "infinito pelas faculdades", e são elas que definem as diferenças entre nós e os outros animais, embora Hamlet fosse incapaz de ver o processo evolutivo por trás disso tudo. Mas não somos de forma alguma os seres mais caridosos ou amigáveis que andaram pelo planeta, e ainda não foi tomada uma decisão sobre a validade da avaliação de Hamlet quanto a sermos "o paradigma dos animais".

O que é a morte?

Seja a nossa ou dos outros, nunca podemos vivenciar a morte, apenas morrer. A morte como término da vida significa estar morto, a cessação das funções biológicas que definem um organismo e por meio das quais podemos dizer se ele está vivo. O que é a morte, portanto, depende de como se define a vida, e não há acordo quanto a isso. Se dissermos que a morte é a cessação das funções corporais vitais, somos jogados no debate sobre quais são elas, mas por convenção a ausência de vida é indicada pela ausência de funções cardíaca e respiratória espontâneas. Mas como ambas podem ser mantidas artificialmente, a questão passa a ser por quanto tempo a vida pode ser sustentada desta forma antes de ficar claro que não vai haver melhora no quadro clínico. O termo "morte cerebral" foi usado pela primeira vez em 1976 no Reino Unido para diferenciar os pacientes que tinham capacidade funcional de se recuperar, ainda que parcialmente, dos que não tinham nenhuma chance. Um paciente cujo quadro é de "morte do tronco cerebral" definitivamente não vai se recuperar, pois já está morto.

Já foi sugerido que o objetivo da vida é aprender a morrer. Trata-se de um objetivo sombrio, e, embora vivamos com o conhecimento da nossa mortalidade, não podemos passar pela vida o tempo todo conscientemente como se estivéssemos andando "pelo vale da sombra da morte". A maioria das principais religiões do mundo estimula seus seguidores a manter os olhos no horizonte distante da morte, não para se perguntar quando vão morrer, e sim, como expressou o teólogo católico romano Irmão David Steindl-Rast (1926), de modo a ver "cada momento da vida como um desafio no sentido de incorporar essa consciência da morte a cada instante, de modo a viver mais plenamente".

"A morte é o supremo festival no caminho para a libertação."

DIETRICH BONHOEFFER (1906-1945)

Existem muitos relatos da chamada "experiência de quase morte", que parece ser a única forma pela qual a morte pode ser realmente vivenciada. Ou o sujeito chegou tão perto do estado de morte a ponto de conseguir fornecer uma descrição dela ou, em casos mais raros, foi declarado morto e "voltou" para dar testemunho da experiência. Neste caso, podemos dizer que a experiência é de uma transcendência temporária da morte. As experiências de quase morte já foram pesquisadas por faculdades de medicina, psiquiatria e psicologia, e mostraram ter certas características em comum, entre elas a consciência de ter morrido. Outras "sensações" descritas incluem paz; estar fora do mundo ou do corpo; passar por um túnel; movimentar-se rapidamente na direção de uma luz com a qual é possível se comunicar;

uma sensação impressionante de amor; encontro com seres espirituais brilhantes, em chamas ou vestidos de branco; a aproximação de algum tipo de fronteira; a vida passando diante dos olhos; a sensação de saber ou entender a natureza do universo; conexão com a própria cultura religiosa ou espiritual; e decidir se irá ou não retornar ao corpo. (Esse é o resumo dos relatos de experiências de quase morte que aparecem nos livros citados nas Leituras Complementares, página 233.)

Segundo esses relatos, parece possível ter a consciência de ser levado para bem perto da morte. Se ela consegue sobreviver à morte real do corpo físico é um assunto abordado por outras perguntas deste livro.

Existe vida após a morte?

Deixando de lado as questões de fé, nada pode ser dito com certeza sobre a continuação da vida após a morte, e apenas os ateus parecem capazes de dar uma resposta confiante — negativa, obviamente. A crença na vida após a morte foi construída em nossa cultura praticamente desde o início da sociedade. O fato de sermos capazes de sobreviver à morte é um dos ensinamentos fundamentais das religiões bíblicas, e podemos ter certeza de que esta crença existia nas tradições a partir das quais elas se originaram. A forma pela qual sobrevivemos à morte é imaginada de modo diferente nas principais crenças mundiais: o judaísmo tem o conceito generalizado de *Olam Habá*, "mundo vindouro", onde os justos terão uma vida após a morte. Em suas diferentes denominações, a cristandade tem várias imagens dos céus que aguardam os justos. Entre elas estão o Paraíso (como um jardim semelhante ao Éden) e o Reino de Deus (ou Reino dos Céus), que pode ser ou mais "sobrenatural" ou um regime na Terra governado por Jesus Cristo a ser vivido pelos que ressuscitaram. O Alcorão (surata Ar-Ra'd) também fala de uma vida após a morte no "Paraíso, prometido aos tementes" (13:35). O hinduísmo impõe o renascimento e a reencarnação da "alma", que dura para sempre, um processo determinado pelo karma da pessoa, isto é, pelo que ela fez. O objetivo final não é algum tipo de paraíso, e sim a libertação. No budismo, a reencarnação geralmente significa transmigração: a vida é passada adiante como uma chama que ilumina uma vela após a outra, sendo que cada chama está casualmente conectada com sua precursora, mas não é exatamente a mesma. O nirvana é o estado de liberação final desse processo, extinguindo a chama da vela. Uma vez livre do ciclo de nascimento, morte e renascimento, a consciência individual é absorvida pelo todo. Quando lhe pediram para explicar esse processo com mais clareza, Buda respondeu que o nirvana era "incompreensível, indescritível, inconcebível, inexprimível". Essa foi a forma do Buda dizer que o assunto é um mistério, tal qual a criação e origem do universo: como não há respostas claras, não devemos mergulhar no assunto desnecessariamente.

"Enquanto não se tornar consciente da lei sucessiva de morte e renascimento, você será um hóspede perturbado da Terra sombria."

JOHANN WOLFGANG VON GOETHE (1749-1832)

Apesar da influência do conceito de ressurreição do corpo em nossa cultura, poucos acreditam que nós iremos algum dia sobreviver fisicamente à morte e que nossa forma decomposta ou cremada será milagrosamente reconstituída. Se houver algum tipo de sobrevivência, ela será espiritual. Talvez alguma alma que retenha um elemento de consciência. Opostas a tal crença são as opiniões dos ateus, especialmente do biólogo evolucionista Richard Dawkins (1941), autor de vários livros excelentes, como o polêmico *Deus, um delírio*. Essas pessoas sustentam que, como não há evidências científicas da vida após a morte, o conceito, na melhor das hipóteses, não passa de um mito sustentado pela fé. Dawkins diz: "A fé é a grande escapatória, a grande desculpa para se fugir à necessidade de pensar e avaliar as evidências." Ao acreditar que podemos sobreviver à morte, nós nos protegemos contra a verdade fria e absoluta da morte como sendo verdadeiramente terminal, o fim de tudo. Uma percepção alternativa é a de Albert Schweitzer (1875-1965): "Assim, a ideia da reencarnação contém uma explicação mais reconfortante da realidade, mediante a qual o pensamento indiano supera dificuldades que deixam perplexos os pensadores europeus." Além de ser reconfortante, eu argumentaria que é também a resposta mais intelectualmente satisfatória para a pergunta: "Nós nascemos apenas para morrer?"

A vida tem um propósito?

O sentido e o propósito da vida estão ligados ao sentido do universo. Como nós fazemos parte do todo e estamos sujeitos às mesmas leis da física que as infinitas galáxias, é improvável que a vida humana tenha um propósito independente de tudo o mais. Para o mundo material inanimado, o propósito pode ser construído de acordo com os princípios da física de modo a ser uma parte funcional da harmonia do todo. Tal propósito deriva das leis naturais, mas pode ser que "propósito" não seja a melhor palavra para descrever sua função. Para a humanidade, o propósito está aliado à consciência. Quando levamos em consideração o sentido da vida, nós o fazemos sabendo que as leis físicas do ambiente universal determinam nossos parâmetros e que, dentro deste contexto cósmico, nosso código genético define outros limites. Ninguém teve o objetivo de nascer, não tivemos controle sobre a nossa estada aqui, a vida é um evento no qual fomos jogados e podemos viver como se não houvesse sentido algum, ou atribuir um sentido a ela.

De acordo com a religião, o principal propósito da vida é cultivar uma relação próxima com Deus ou o divino. A maioria das religiões ensina que existem barreiras para essa união, vide as religiões bíblicas e sua ênfase no pecado, ou as tradições orientais, que alertam sobre a ignorância e a ilusão. Tais barreiras devem ser superadas, e os meios oferecidos para isso dão à vida o seu sentido e a sua direção. Mas há outro item de igual importância nesta agenda: a dimensão moral da vida, o "chamado" para viver de acordo com certos padrões éticos de modo a manter a superioridade moral. O ser humano é estimulado a viver pelos outros bem como para si mesmo, e o altruísmo, seja inspirado por motivos seculares ou religiosos, sempre deu propósito à vida. Diversos outros fatores podem contribuir para isso, e o principal deles é que não seja necessário *procurar* propósito para a vida, e sim que possamos *dar* um propósito a ela. A ideia não é perguntar "o que raios eu estou fazendo aqui?", e sim "o que posso fazer melhor enquanto estou aqui?". Como diz um provérbio chinês, "o milagre não é voar no ar ou andar sobre a água, e sim andar na terra". Onde e como vamos fazer isso está em nossas mãos. Alguns diriam que o ser humano está aqui para compreender e conhecer a si mesmo e aos outros, contribuindo para melhorar este mundo durante o curto espaço de tempo que temos. Ou nós trabalhamos para viver ou vivemos para trabalhar. E existe também quem lute para ser feliz, vivendo um tipo de hedonismo baseado em preencher as lacunas entre comer e dormir de modo mais interessante ou agradável. Nós nascemos e morremos, mas, como avisa o provérbio judeu, nesse meio-tempo um pouco de comida e bebida viriam a calhar.

"Nossas mentes são finitas, e, mesmo nessas circunstâncias de finitude, somos cercados pelas possibilidades, que são infinitas, e o objetivo da vida é agarrar o máximo possível desta infinitude."

ALFRED NORTH WHITEHEAD (1861-1947)

O filósofo francês Albert Camus (1913-1960) avisou: "Você nunca viverá se estiver procurando o sentido da vida." Seria este um caso em que a preocupação excessiva com a pergunta prejudica a resposta? Mesmo que seja, Nietzsche provavelmente está certo ao sugerir que se nós sabemos por que vivemos, nunca teremos problemas em saber *como* viver.

Podemos ser verdadeiramente felizes?

A felicidade é um estado mental determinado por atitude, disposição e temperamento. A felicidade de uma pessoa nunca será a mesma de outra, mas a felicidade de alguém pode contribuir para a de outra pessoa. Da mesma forma, a felicidade pode ser diminuída pela infelicidade alheia. Podemos ser verdadeiramente felizes por um tempo, mas é questionável que possamos ter uma felicidade duradoura, visto que, mesmo tendo a atitude mais positiva, poucos podem superar todas as mudanças de circunstância que diminuem a nossa disposição para a felicidade.

FILÓSOFO EM CINCO MINUTOS

"A felicidade é o sentido e o propósito da vida, o objetivo e fim último da existência humana."

ARISTÓTELES (384-322 A.C)

O que faz alguém feliz geralmente é pessoal e subjetivo. Algumas pessoas são consistentemente felizes, não importa as circunstâncias, enquanto outras vivem apenas momentos fugazes de felicidade. No entanto, parece que existem algumas características comuns nas condições de felicidade. Os consistentemente felizes provavelmente são dispostos à felicidade, sem tendências a ansiedade. Estes são otimistas e positivos, vivem totalmente o momento, confiando não só na razão e na inteligência como também na intuição. Eles têm sabedoria o bastante para entender que tudo pode mudar, por isso não serão pegos de surpresa pelos empecilhos quando a vida ficar difícil, visto que são resilientes. A felicidade virá muito mais facilmente para quem não é materialista ou consumista demais, contentando-se em ganhar o suficiente para atender a suas necessidades básicas. A família e os amigos são importantes para tais pessoas, e o objetivo da vida geralmente estará relacionado à carreira profissional.

Para muitos, a felicidade vem da fé religiosa. Por mais difícil que seja a vida, acreditar no apoio dado pela força e compaixão de Deus faz com que essas pessoas mantenham a paz interior. Outros obtêm força semelhante a partir da reflexão silenciosa, uma felicidade baseada na independência citada no texto hindu *Manusmriti* [Código de Manu]: "Não dependa de outro, mas, em vez disso, apoia-te em ti mesmo. A verdadeira felicidade nasce da autoconfiança."

Obviamente, é impossível ser feliz o tempo todo. Existirão momentos em que haverá motivos para ficar triste, com raiva, decepcionado, frustrado, enojado, respondendo negativamente a tudo e a todos. Alguns se recuperarão rapidamente, outros precisarão de mais tempo. É possível ser mais feliz recorrendo a três medidas simples: primeiro, sorria mais, visto que sorrir, independente de você *se sentir* feliz ou não, pode melhorar o humor. Segundo, cultive uma sensação de gratidão pelo que você é e pelo que tem. Terceiro, encontre algo útil para fazer, de preferência para alguém menos feliz que você. No livro de 1693 chamado *Investigações sobre o entendimento humano*, o filósofo inglês John Locke (1632-1704) escreveu que "a mais alta perfeição da natureza intelectual encontra-se em uma cuidadosa e constante busca da verdadeira e sólida felicidade", um pensamento ecoado pela Declaração de Independência dos Estados Unidos, que lista entre os direitos inalienáveis ou soberanos do homem "a vida, a liberdade e a busca da felicidade".

A esperança pode ser uma ilusão perigosa?

"Mas o que é a Esperança?", perguntou Lord Byron (1788-1824) retoricamente. "A Esperança é apenas a tinta com que a Existência pinta o rosto. O mais leve contato com a verdade a faz desaparecer, e vemos então que prostituta de faces encovadas estávamos abraçando."

Apesar do ceticismo de Byron, para muitos a esperança é a crença de que haverá uma conclusão positiva para os projetos de longo ou curto prazo nos quais estamos envolvidos, especialmente quando essa conclusão está ameaçada e fica difícil de alcançar. A esperança é um estado mental que parte de uma disposição otimista e também gera uma sensação promissora de bem-estar. É a atitude positiva que está costurada no tecido de nossa personalidade. Contudo, não importa o quanto a esperança seja forte, ela poderá ser afetada pela ansiedade e pela necessidade de avaliar a probabilidade de um determinado resultado acontecer. A Primeira Carta de Paulo aos Coríntios é famosa por destacar a "esperança" como uma das qualidades humanas mais importantes e duradouras: "Agora, pois, permanecem a fé, esperança, o amor, estes três; mas o maior destes é o amor."

Entretanto, a esperança irreal pode ser uma ilusão perigosa, assim como a fé inadequada e certas formas de amor. De modo semelhante à fé e ao amor, a esperança só funciona melhor com um determinado grau de maturidade, quando já acumulamos experiência de vida suficiente para nos permitir saber quando a esperança está no lugar errado. Embora Teócrito (século III a.C.) diga que "enquanto houver vida, há esperança, e apenas os mortos não têm ambas", algumas situações parecem não ter mesmo jeito. Uma pessoa diagnosticada com uma doença inoperável em estado terminal provavelmente não terá a esperança de uma vida longa, nem seria inteligente fazê-lo. Em tais circunstâncias, segundo Aristóteles, a esperança "é o sonho do homem acordado". E ainda assim, às vezes diante das circunstâncias impossíveis, como as que ameaçam a vida, só o que podemos fazer é ter esperança. Os relatos extraordinários dos integrantes da expedição de Shackleton à Antártida dão um exemplo do quanto a sobrevivência pode depender da força da esperança de um indivíduo. Existem dezenas de histórias semelhantes de pessoas conseguindo sobreviver contra todas as probabilidades em montanhas, no mar ou enfrentando desastres naturais como enchentes ou terremotos. Mas é preciso deixar bem claro que em todos esses casos ninguém sobreviveu apenas com a esperança. Não importam as circunstâncias, a esperança em sua melhor forma está aliada à vontade, à determinação de conquistar algo, e a esperança aliada à vontade nunca pode ser passiva. Juntas elas levam às ações necessárias para transformar a esperança em realidade.

Obviamente existem momentos em que temos esperança apenas por falta de conhecimento ou porque o futuro é uma questão de especulação. Temos esperança de que a boa saúde se mantenha tanto para nós quanto para a nossa família e os amigos; que nosso meio de vida se mantenha seguro; que os problemas do Oriente Médio se resolvam; que as ameaças à ecologia recebam atenção, e assim por diante. Essas esperanças só podem ser mantidas quando temos certeza de que medidas adequadas estão sendo tomadas, sejam passos para tratar as circunstâncias que ameaçam a nossa saúde ou nossas finanças, o processo de paz ou a campanha para cortar emissões de carbono. O romancista Alexandre Dumas (1802-1870) escreveu sobre um conde que sofreu por muito tempo, mas tinha uma mistura de esperança e paciência. Encarcerado injustamente em sua masmorra, ele acabou entendendo que "até o dia em que Deus dignar-se a desvelar o futuro para o homem, toda a sabedoria humana estará nestas palavras: esperar e ter esperança".

Nós temos livre-arbítrio?

"Tudo na natureza é o resultado de leis fixas."

CHARLES DARWIN (1809-1882)

Tal pergunta geralmente é discutida em oposição à ideia de determinismo. O livre-arbítrio supõe que agimos de acordo com nossas decisões voluntárias, sujeitos a influências, mas livres de causa absoluta. A visão determinista alega que todos os eventos, incluindo os da vida humana, são predeterminados por uma permutação de fatores que estão completamente fora de nosso controle. A noção de determinismo é adotada pelas religiões estabelecidas em torno de um Deus criador que, sendo onipotente, predetermina tudo o que irá acontecer. Essa visão tem problemas até para pessoas crentes, visto que a maioria das religiões nos responsabiliza por nossos atos. Mas se eles forem predeterminados, não se pode dizer que são de nossa responsabilidade. O determinismo também fornece uma desculpa pronta até para o pior dos maus comportamentos, visto que é possível argumentar que a pessoa não podia evitar o que estava fazendo, pois estava predestinada ao ato em questão. As pessoas geralmente relutam em abandonar a ideia de que suas escolhas e ações derivam de algo diferente do próprio livre-arbítrio. Elas acham que a alternativa determinista as transforma em fantoches de algum ser divino ou celestial responsável por puxar as cordinhas. Também não ficamos confortáveis com a ideia de que somos robôs construídos com enorme complexidade, mas programados e controlados por um tabuleiro que fica nas mãos de um déspota cósmico.

O argumento para o determinismo biológico e cosmológico é liderado por biólogos evolucionistas e médicos. Richard Dawkins (1941), por exemplo, já escreveu sobre "o gene egoísta", as moléculas que nos "escravizam". Para elas, apenas a própria força de existir importa, fazendo com que nossos corpos e mentes sejam "suas máquinas de sobrevivência" e nosso comportamento seja determinado por elas. Einstein também acreditava que tudo é determinado: "Todos nós dançamos uma melodia misteriosa, entoada ao longe por um flautista invisível."

Mas tal programação, por mais incontestável que pareça, não explica tudo. Como acontece com várias perguntas desse tipo feitas dentro do contexto do absolutismo científico, a questão do livre-arbítrio pode ser discutida relativamente. Pode-se dizer que o DNA necessariamente nos programa para exercer o livre-arbítrio dentro de uma vasta gama de referências. Passa a ser um mero jogo de palavras dizer, por exemplo, que se mudamos de ideia sobre algo é porque estava determinado que iríamos fazê-lo. Ninguém pode duvidar que nossa aparência, personalidade e disposição são moldadas pelo código genético, mas nossos relacionamentos, nossa educação e o ambiente em que vivemos, bem como a forma pela qual absorvemos e usamos nossos conhecimentos e nossas experiências acumuladas desde o nascimento fornecem uma matriz complexa o bastante para tornar o exercício do livre-arbítrio suficientemente real e derrubar as disposições em contrário. Talvez a distinção feita por Arthur Schopenhauer (1788-1860) esteja mais perto da verdade: "Um homem certamente pode fazer o que tem vontade, mas não pode determinar suas vontades."

O que é a mente?

"Mente" é uma dessas palavras, como "bom", "alma" e "beleza", que carregaram uma vasta gama de significados desde quando os filósofos gregos pensaram nelas pela primeira vez. Para os antigos filósofos, *nous*, "mente" em grego, significava conhecimento e razão. Para Platão (428-348 a.C.) é a parte racional da alma. Para Aristóteles (384-322 a.C.) eram os aspectos passivo e ativo do intelecto — sendo a versão de Platão imortal e eterna. A mente não pode ser examinada de modo isolado, e a filosofia ocidental sempre se concentrou na forma como ela se relaciona com o corpo — isto é, se a mente pode ou não funcionar e existir independentemente do corpo, sendo, portanto, capaz de sobreviver

GERALD BENEDICT

à morte. Seja lá qual for essa relação, a mente está associada ao pensamento: é o "lugar" onde recebemos e processamos nossas experiências.

Para René Descartes (1596-1650), a essência irredutível de uma pessoa era a consciência, da qual o ato de pensar era uma prova. Tal consciência era a única certeza expressa em sua famosa frase "penso, logo existo". Embora Descartes reconhecesse "o pensar" como essência da vida humana, ele também reconhecia objetos materiais, que não pensam por si mesmos; nem o fato de pensarmos nesses objetos confirma a existência deles. A distinção de Descartes entre a entidade pensante e "as coisas" deu origem ao que ficou conhecido como dualismo cartesiano. Subsequentemente, a maioria dos outros filósofos procurava buscar soluções para essa distinção aparentemente irreconciliável. Baruch Spinoza (1632-1677), por exemplo, argumentava que o mental e o físico são dois aspectos da mesma realidade subjacente. As religiões orientais, embora trabalhem a partir de diferentes premissas, adotam a superação do dualismo como busca central, vendo a consciência do mundo como uma ilusão, o que faz dessa diferenciação um esforço inútil.

A relação entre a mente e o corpo também é uma preocupação fundamental dos psicólogos, para quem a mente é o meio através do qual nós vivenciamos, percebemos e nos comunicamos. E como não podemos sair dela, ela é o único meio que temos. Para os psicólogos, a mente é uma máquina imensamente complexa, fonte de todos os pensamentos e comportamentos. Ela pode ser pensada como a soma total

FILÓSOFO EM CINCO MINUTOS

de todas as atividades cerebrais, como tal, não existe num local específico do cérebro. O fato de a mente permanecer difícil de definir é demonstrado pela forma na qual os psicólogos trabalham, de fora para dentro: eles começam com o comportamento humano, o único dado disponível que se pode observar, e a partir dessas observações eles deduzem como a mente *funciona* em vez do que ela *é*. A partir dos comportamentos eles podem "observar" nossas emoções, lembranças, percepções, sonhos, desejos, crenças, ambições e valores. Tais observações e deduções são a matéria-prima do que é considerado como "a ciência da mente".

"O que chamamos de mente é apenas um conjunto ou coleção de diferentes percepções, unidas por certas relações, conjunto que se supõe falsamente ser dotado de uma perfeita simplicidade e identidade."

DAVID HUME (1711-1776)

Ouvimos falar muito da "força da mente" para se referir a nossa vontade e resolução. Nosso "estado" mental pode nos deixar doentes, mas também pode nos devolver à saúde e determinar o fracasso ou o sucesso. Como o poeta John Milton (1608-1674) disse, "a mente é seu próprio lugar e, dentro de si, pode fazer um inferno do céu, do céu um inferno".

Podemos conhecer a própria mente?

Passamos a maior parte da vida lendo a mente dos outros. A partir do comportamento, das expressões faciais, do que dizem e de como eles vivem, nós captamos sinais que interpretamos quanto aos sentimentos, às opiniões, crenças etc. Quanto mais próximo o relacionamento, maior a probabilidade de a nossa leitura mental ser precisa. Algumas pessoas têm um relacionamento próximo o bastante a ponto de saber o que a outra está pensando. Isso pode ser intuitivo ou, mais raramente, uma forma de leitura da mente conhecida como telepatia.

Podemos ler ou conhecer a própria mente? Se possível, como fazemos isso? A pergunta corre em paralelo a outra sobre autoconhecimento. "Conhece-te a ti mesmo" era a frase famosa inscrita num templo em Delfos. A recomendação foi assumida por Alexander Pope (1688-1744): "Conhece-te a ti mesmo; não tenhas a presunção de poderes perscrutar Deus. O estudo adequado da humanidade é o homem." Seria pedante fazer uma distinção muito direta entre conhecer a si mesmo e conhecer a própria mente. A mente pode ser entendida como um aspecto do "eu", o centro absoluto do que somos. Sócrates (469-399 a.C.), para quem a mente era a alma, nos faria olhar especialmente "para a parte da alma na qual reside a virtude". Contemplar o nosso potencial para fazer o bem, sugere ele, ajuda a descobrir a verdadeira natureza da mente. Em outras palavras, para conhecer a própria mente é preciso conhecer não só o que pensamos, mas *como* pensamos. Conhecer a nossa disposição para pensar de determinadas formas iluminará a mente que estamos tentando conhecer.

Em geral, quando falamos de conhecer a própria mente, pensamos na capacidade de tomar decisões, numa questão de incisividade ou hesitação do seu processo decisório e também da correção da sua escolha. Mas não é só isso. A mente, como vimos, é uma ferramenta totalmente diferente de uma pessoa para outra. Nossa mente é única, e é melhor que continue assim. Conhecê-la como uma ferramenta significa saber o que ela pode fazer melhor, suas qualidades especiais e o que a impede de funcionar bem. Investigar a própria mente significa ter noção do quanto nossa inteligência é afiada, um conceito sobre o qual discutiremos mais adiante. Visto dessa forma, não só é possível conhecer a própria mente, como e importante que o façamos, visto que ela é a ferramenta pela qual conseguimos realizar tudo o que fazemos. Podemos descobrir que temos uma mente afiada ou confusa, conceitual ou não conceitual, matemática ou intuitiva, alerta ou debilitada. Seja qual for o seu tipo de mente, Jiddu Krishnamurti (1895-1986) escreveu que "poucos sustentam ou mantêm a qualidade de uma mente jovem... que não foi contaminada pelos acidentes ou incidentes da vida... uma mente jovem é sempre decididamente nova".

A inteligência é supervalorizada?

O que é a inteligência e como ela funciona continua sendo um mistério, e os debates estimulados por essas per-

GERALD BENEDICT

guntas geralmente rendem polêmicas. O termo inteligência costuma se referir à capacidade humana de adquirir conhecimento e aplicar habilidades, mas essa definição ampla foi modificada para se concentrar no que podemos chamar de "intelecto". O intelecto é geralmente explicado como a capacidade de raciocinar: é a compreensão objetiva, em oposição à subjetiva, sendo, portanto, uma habilidade mental. Acredita-se que a faculdade do intelecto seja o ápice da inteligência humana, e, sendo assim, uma pessoa inteligente é esperta. Porém, há mais a ser dito sobre o assunto.

A inteligência é medida de modo a avaliar a extensão ou quantidade da força cerebral do sujeito, isto é, se o Quociente de Inteligência (QI) consta como baixo ou alto numa escala criada para o teste em questão. Um dos testes mais conhecidos é o oferecido pela Mensa, uma sociedade formada para avaliar e reunir pessoas de alta inteligência. O problema com esses testes é que eles não podem alegar que são científicos. Não é possível impedir que os resultados sejam comprometidos pelo humor ou pela postura do participante, além de haver a possibilidade de que a natureza do teste simplesmente não seja adequada ao modo de pensamento e percepção do participante. No entanto, o teste de QI é considerado um indicador aceitável das capacidades mentais de uma pessoa. Mais problemática é a forma pela qual esses testes são usados, por exemplo, quando seu objetivo é criar uma "elite" entre crianças ou como método de seleção para empregos. A distribuição normal dos resultados de QI pode ser representada pelo que se chama de Curva do Sino, a soma de variações pequenas e aleatórias às influências ge-

FILÓSOFO EM CINCO MINUTOS 107

néticas e ambientais. O livro *The Bell Curve* (1994), escrito por Herrnstein e Murray, causou polêmica porque os autores sugeriram que havia diferenças raciais na inteligência, visto que "pareceu altamente provável para nós que tanto os genes quanto o ambiente estão relacionados às diferenças raciais". De modo menos controverso, o livro indica que as diferenças presumidas na inteligência resultaram em diferenças sociais sistêmicas, e isso pode indicar de modo mais preciso do que a análise socioeconômica se o participante vai passar por cima das "classes sociais". Pesquisas feitas por Arthur Jensen (1923) na Universidade da Califórnia em Berkeley concluíram que a inteligência é entre 40% a 80% herdada geneticamente. Embora a pesquisa tenha sido realizada dentro da sociedade norte-americana, seus métodos podem ser aplicados universalmente.

"O homem não *se torna* homem senão pela inteligência, mas não *é* homem senão pelo coração."

HENRI-FRÉDÉRIC AMIEL (1821-1881)

Talvez mais interessante, embora menos polêmica, seja a teoria das múltiplas inteligências criada por Howard Gardner (1943), professor de Cognição e Educação na Escola de Pós-Graduação em Educação de Harvard. Segundo ele, existem tipos diferentes de inteligência. Se tomarmos a inteligência como a capacidade de adquirir e aplicar conhecimentos e habilidades, Gardner propôs que tanto a aquisição quanto a aplicação podem ser divididas em oito formas de inteligência: linguística, musical, lógico-matemática, espacial, corporal-cinestésica, naturalista, interpessoal e intrapessoal. Assim, em vez de ser movido por uma inteligência predominante, cada um de nós desenvolve uma destas formas de inteligência, que irá dominar de acordo com a nossa personalidade, genética, o ambiente etc. Elas também podem se sobrepor, é claro.

Bem dirigida, a inteligência pode ser um marcador útil da capacidade de um indivíduo. Contudo, o debate ainda continua para saber se a inteligência pode ser manipulada da mesma forma que plantações geneticamente modificadas, de modo a produzir uma colheita controlada de cientistas, artistas ou artesãos brilhantes.

Por que queremos as coisas?

Se fizermos essa pergunta a um filósofo, um sociólogo, um antropólogo e um cientista que estuda a evolução, iremos obter quatro respostas diferentes. Delas, podemos extrapolar os pontos abaixo.

Além das necessidades, nosso desejo pelas coisas provavelmente foi cultivado pelos primeiros presentes que recebemos na infância. Receber um presente é agradável e nos diz que, pelo menos por alguns instantes, somos o centro das atenções de alguém, e quanto mais o presente está de acordo com nossas predileções, mais prazer ele proporciona. Assim que passamos a ter o próprio dinheiro, o ato de querer coisas passa para um nível mais alto, e aos poucos nós viramos uma engrenagem da máquina econômica. Compramos para competir com os vizinhos, para aumentar a autoestima, para mudar o padrão de vida e deixá-lo acima dos outros. Mesmo se não precisamos de muitas das coisas que compramos, essas compras supérfluas podem nos dar grande satisfação.

Num nível mais profundo e psicológico, por que queremos as coisas é um mistério. Como apontou a jornalista de ciência Melinda Wenner Moyer (1978), "podemos prever como nos comportaremos em determinadas condições, ou saber quais preferências surgem em certas situações, mas sabemos muito pouco sobre de onde vêm essas inclinações". O que chamamos de "status", isto é, onde nos situamos entre nossos pares ou na sociedade em geral, também é estabelecido pelo que temos: por exemplo, o carro que dirigimos, o tipo de casa onde moramos e as roupas que vestimos. Queremos coisas porque ganhamos confiança ao tê-las, juntamente com a sensação de segurança que vem de saber que as posses estão dentro do nosso controle.

Todo esse processo de querer as coisas pode virar uma obsessão e, quando isso acontece, nosso senso de valores tende a ficar confuso. Isso se relaciona à insatisfação com o *status quo* e ao fato de sermos incapazes de sossegar e ficar felizes com o que temos. O motivo desse descontentamento e de querermos coisas por outras razões além das utilitárias ainda não é totalmente compreendido. Num artigo da revista *New Scientist*, o professor de Sociologia da Universidade de Nova York Dalton Conley (1969) observou: "Sociólogos, psicólogos evolucionistas e economistas, todos têm ideias diferentes sobre o que move nossas preferências, mas ninguém consegue chegar ao cerne da questão." O problema de nosso apetite aparentemente insaciável pelas coisas é antigo. O padre católico e humanista Erasmo (1466-1536) tinha isto a dizer: "Hoje em dia a fúria pela posse chegou a tal ponto que não há nada no reino da natureza, seja sagrado ou profano, fora do qual não se possa espremer o lucro."

"Gosto de andar entre as coisas lindas que adornam o mundo, mas declino da riqueza privada ou de qualquer tipo de posses pessoais, pois elas tirariam minha liberdade."

GEORGE SANTAYANA (1863-1952)

Para alguns, os bens acumulados viram motivo de embaraço: estes indivíduos são possuídos por suas posses, "preocupação... que, mais do que qualquer outra coisa, impede os homens de viverem de uma maneira livre e nobre", como disse Bertrand Russell (1872-1970).

O hipermaterialismo nos coloca em risco?

A teoria filosófica do materialismo diz que tudo o que existe ou é matéria ou depende da matéria para existir. A dependência da humanidade pela matéria se transfere para as coisas e para o desejo por elas ao ponto de erodir os valores mais nobres ou espirituais. Isso nos levou a questionar o materialismo como tal e a termos ciência dos perigos de ser materialista. A obsessão com o materialismo levou a uma cultura na qual o sentido da vida e seus valores mais importantes se baseiam na suposição de que nada além do escopo de nossos sentidos é importante ou vale a pena. Nós produzimos e consumimos, vivendo e nos movendo, e existindo entre esses parâmetros.

O filósofo suíço Henri-Frédéric Amiel (1821-1881) lançou sua ira contra o materialismo: "O materialismo a tudo petrifica e tudo torna grosseiro", escreveu ele, "a tudo vulgariza e transforma verdades em falsidades". Isso pode ser um exagero, mas serve de aviso contra os riscos aos quais estamos expostos. A crença de que é possível encontrar o máximo de valor e segurança nas coisas materiais reduz e anula os sentimentos da vida. Ela também questiona outros valores como curiosidade filosófica, espiritualidade pessoal e qualidades como beleza, paz de espírito e contentamento. A satisfação obtida com o materialismo tem vida curta, como observou Mark Twain (1835-1910): "Qualquer coisa assim chamada de material que você deseje é meramente um símbolo: você não a quer para si, mas porque vai contentar seu espírito naquele momento."

O aspecto mais óbvio do hipermaterialismo é a característica de tecnologia avançada que existe em nossa cultura, especialmente na forma do mercado de computadores, telecomunicações, telefones celulares e meios de transporte de massa. Existem vastos benefícios obtidos com a tecnologia, vide suas contribuições para a medicina, educação e todas as formas de pesquisa — não só as acadêmicas —, mas ficam as perguntas: Existem riscos envolvidos nas conquistas tecnológicas? Algumas de suas aplicações correm em sentido contrário ao da natureza? O trans-humanismo é um movimento que defende o uso da tecnologia para erradicar todas as formas de deficiência, sofrimento e até envelhecimento a ponto de considerar a morte involuntária como não sendo mais algo inevitável. Para isso, pesquisas estão usando biotecnologia e nanotecnologia, sendo esta uma disciplina emergente que tem por objetivo controlar a matéria em nível atômico e molecular. O trans-humanismo, cujo objetivo consiste no controle absoluto da matéria, põe em risco a nossa humanidade essencial? Em 1983, Vernor Vinge (1944), professor emérito de matemática da Universidade de San Diego, escreveu: "Dentro de trinta anos, teremos os meios tecnológicos para criar uma inteligência super-humana. Logo após, a era humana se extinguirá." O aspecto tecnológico do hipermaterialismo vê o ser humano como artefato e tem por objetivo ajudar o processo evolutivo natural por meio de sua redefinição. Mas será que essa forma de hipermaterialismo produzirá uma raça de Senhores Spock, seres humanos eficientes e duráveis, porém desprovidos de sentimentos e emoções?

FILÓSOFO EM CINCO MINUTOS

"O mundo está ficando cada vez mais materialista, e a humanidade está chegando ao ápice do progresso externo, movido por um desejo insaciável de poder e de vastas posses."

Sua Santidade, o Dalai Lama (1935)

● ●

Devemos tentar aceitar as coisas como elas são?

A busca pelo conhecimento vem sendo uma característica da humanidade desde o início da consciência, sendo tão intensa e persistente que pode se argumentar que a necessidade de saber é essencial para a sobrevivência e que a seleção natural a acrescentou ao nosso DNA. Porém, isso nos deixa diante de um paradoxo: somos incapazes por natureza de aceitar as coisas como são, mas existem momentos em que não há mais nada que se possa fazer. O instinto de não aceitar é a energia por trás do crescimento da civilização. Sem a "jornada" para passar de um estado a outro, ainda estaríamos morando em cavernas. Ou seja, estamos condicionados a não aceitar as coisas como são. Em termos do que aprendemos, seria pouco inteligente aceitar algo simplesmente porque faz parte de uma tradição estabelecida, porque lemos a respeito ou disseram que é "verdade", devendo ser entendido ou feito de determinada forma. Krishnamurti (1895-1986) avisou que "qualquer aceitação da autoridade é a negação mesma da verdade".

Devemos, é claro, nos incluir entre essas "coisas" a serem aceitas, o que pode ser difícil para alguns. Conforme já

GERALD BENEDICT

observamos, o autoconhecimento é a chave para toda a verdadeira compreensão, mas pode-se levar quase uma vida inteira para alcançá-lo. Carl Jung (1875-1961) avisa que "a coisa mais assustadora é aceitar-se completamente", porque durante esse processo devemos enfrentar as limitações e os aspectos mais sombrios da nossa personalidade. Feito isso, devemos então encontrar, nas palavras de Paul Tillich (1886-1965), "a coragem para ser". Em todos os aspectos, a aceitação é a condição primeira da mudança.

A necessidade de aceitar não só afeta as pessoas e suas circunstâncias imediatas, como também o que sabemos do universo. A ciência nos ajudou a sair do mito e da especulação religiosa para o conhecimento objetivo, e o processo gerou a mudança mais radical da cultura e da civilização humanas. Tal mudança foi uma espécie de emancipação, deixando a mente livre para abrigar os conceitos que lhe agradem sem o risco de ser posta no ostracismo religioso, político ou social. Mas como os israelitas descobriram ao se emancipar do Egito, libertar-se pode ser algo que intimida e assusta. Aceitar a libertação do mito, da superstição e da ortodoxia está se mostrando difícil para muitos que tiveram a coragem de abandonar as tradições e os relatos teológicos sobre, por exemplo, a origem do universo. As crenças baseadas em tais relatos, principalmente as religiões bíblicas, desenvolveram "escolas" de pensamento que tentaram aceitar as informações disponibilizadas por biólogos evolucionistas e astrofísicos. Para eles, apenas a aceitação das coisas como *realmente* são tornou esse liberalismo possível.

FILÓSOFO EM CINCO MINUTOS

"Toda a nossa vida consiste, em última análise, em aceitar-nos como somos."

JEAN ANOUILH (1910-1987)

A aceitação pode ser o caminho para a verdadeira paz de espírito. Isso não significa ser ilusório nem que estamos mantendo a mente fechada para proteger uma crença ou um princípio ou porque temos medo de enfrentar a verdade. A verdadeira aceitação pode exigir o realismo absoluto que, para usar o termo budista *tathata*, significando a verdadeira natureza das coisas, convida-nos a ver as coisas como realmente são. Buda ensinou que aceitar é transcender, e transcender é ser iluminado.

5
Espiritualidade

"A Alma é colocada no corpo da pessoa como um diamante bruto, e deve ser polida, senão o brilho não aparecerá."

DANIEL DEFOE (1660-1731)

"Não somos seres humanos tendo uma experiência espiritual. Somos seres espirituais tendo uma experiência humana."

PIERRE TEILHARD DE CHARDIN (1881-1955)

O que é o espírito?

As duas ideias mais comumente associadas ao "espírito" são a de força vital que existe em tudo que é vivo e a noção de um ser incorpóreo que pode se manifestar para nós. A palavra também é usada para se referir a fantasmas, espectros e *poltergeists* ou a uma força que pode possuir uma pessoa ou um lugar. "Espírito" também é a palavra usada para traduzir o *Geist* de Hegel (1770-1831), tendo "mente" como alternativa. Para Hegel, o espírito está "sendo" em si e é, portanto, um "eu". O interessante foi ele ter se referido a três tipos de espírito: o subjetivo, o objetivo e o absoluto. O espírito subjetivo é o aspecto da pessoa que independe dos relacionamentos e diz respeito a ideias como consciência, memória, pensamentos e vontade. O espírito objetivo é a pessoa em relação às outras, envolvendo o que é "certo" tanto no sentido jurídico quanto moral. Já o espírito absoluto se ocupa da religião, da filosofia e do "infinito", que não deve ser entendido como um espírito sem limites, e sim, segundo a descrição pungente do filósofo, como alguém que "voltou da sua autoalienação". É desta forma que os três aspectos do espírito humano estão integrados.

A cultura ocidental sempre fez uma distinção aguda entre espírito e matéria, criando um conflito entre corpo e alma ou carne e espírito. As religiões bíblicas foram tão responsáveis por formar nosso pensamento que essas distinções geraram um dualismo irreconciliável. Para o cristianismo, o corpo e a alma são entidades opostas: o corpo morre, e a alma, dadas certas condições, sobrevive. Acontece uma espécie de guerra civil em nossa psique, na qual "o espírito está disposto, mas a carne é fraca", e os pecados da carne põem em risco a vida do espírito, possivelmente de modo terminal. A carne tem que ser disciplinada, punida, seus apetites subjugados, tudo para que o espírito possa florescer e se libertar.

Não podemos debater aqui as provas da existência dos espíritos que emanam como fantasmas e similares, nem abordar profundamente o Espírito Santo, a terceira parte da trindade cristã. O espírito como atributo humano foi algo originalmente soprado no primeiro homem, como descreve o mito do Gênesis: "E formou o Senhor Deus o homem do pó da terra, e soprou em suas narinas o fôlego da vida; e o homem foi feito alma vivente." A ideia é semelhante ao *prana* védico, o "corpo vital". O animismo e o panteísmo, sistemas de crenças das primeiras comunidades humanas, entenderam que tudo — animado ou inanimado — era provido de espírito. Nesse sentido mais amplo, muitos afirmam a existência de uma "força vital" que parece transcender as formas físicas que a encapsulam. Rumi (1207-1273) escreveu: "Cristão, judeu, muçulmano, xamã, zoarastriano, pedra, chão, montanha, rio, cada um tem uma forma secreta de estar com o mistério."

Dizer que alguém "tem espírito" é dizer que tem força, entusiasmo, coragem, perseverança, até teimosia. Descrever alguém como uma pessoa espiritual é reconhecer que, como o "eu absoluto" de Hegel, ela voltará para casa após uma jornada para além de si mesma. A palavra "espírito" pode ser usada de modo mais adequado como metáfora, mas tem tanto significado quanto "pensamento" ou "imaginação".

Podemos ao menos começar a entender o que Deus significa?

O maior obstáculo para a nossa compreensão é a própria palavra "Deus". Ela tem tantos significados diferentes para tantas pessoas em todas as tradições religiosas e culturas que a palavra perdeu o significado. Para o ateu, a palavra "Deus" é meramente inútil, visto que ela representa um conceito para o qual não existem provas verificáveis. Surpreendentemente, o filósofo Martin Buber (1878-1965) sugeriu que "o ateu que olha pela janela do sótão costuma estar mais próximo de Deus do que o crente às voltas com a própria falsa imagem de Deus". Devido a todas as concepções erradas, distorções dogmáticas, ginásticas teológicas e complicações filosóficas, usar a palavra Deus para se referir a algo essencial acaba sendo quase blasfêmia. Na opinião de Buber, "Deus é de todas as palavras humanas, a que arrasta consigo a carga mais pesada. Não há outra palavra que tenha sido tão conspurcada e aviltada... Justamente por isso não posso renunciar a ela." Segundo Buber, a palavra havia sido tão corrompida que levou a um "eclipse de Deus".

O teólogo filosófico Paul Tillich (1886-1965) chegou bem perto de recuperar o significado da palavra "Deus" ao sugerir que ela representa "a base do nosso ser". Pelo menos isso parece devolver à palavra algo que todos podem compartilhar: uma base comum, de certo modo, sobre a qual é possível construir mais. O problema é que, ao longo dos anos, houve cruzadas, guerras, missões e inquisições nas quais as pessoas sofreram e morreram devido às

GERALD BENEDICT

qualificações sutis ou radicais aplicadas às construções de Deus feitas por teologias opostas. Quando pensamos nessas diferentes percepções do que ou quem Deus é, fica difícil não perceber que transformamos Deus em nossa própria imagem. Muitos entendem a frustração de Rudyard Kipling (1865-1936): "Três em Um, Um em Três? De jeito algum! Para meus próprios deuses eu me volto. Visto que provavelmente eles me fornecerão maior alívio que seu Cristo frio e suas intrincadas Trindades."

É improvável que num contexto multirreligioso e multicultural a palavra "Deus" possa ser recuperada de alguma forma significativa. Isto é, podemos nunca chegar ao tipo de consenso que nos deixaria confiantes e esperançosos de estarmos falando da mesma coisa. Provavelmente isso não importaria se certas religiões deixassem de lado sua missão de evangelizar, uma ordem baseada na noção de que todos precisam ser persuadidos a obedecer a um conceito único e ortodoxo de Deus. Josefo (37-100 d.C.), ainda que um tanto liberal para um judeu do primeiro século, estava certo ao insistir que "todos devem adorar a Deus de acordo com suas próprias inclinações, e não serem coagidos a isso". Mesmo nas formas tradicionais da religião, as pessoas seguiram as próprias inclinações, e isso também se aplicaria se pudéssemos alcançar um consenso liberal sobre o significado da palavra "Deus". Dentro de qualquer conformidade teológica, o que "Deus" significa permaneceria sendo subjetivo e pessoal.

"O Deus do teísmo teológico é um ser ao lado de outro e, como tal, uma parte do todo da realidade. Por certo é considerado a sua parte mais importante, porém, como parte e, portanto, como sujeito à estrutura do todo. (...) Ele é visto como um *self* que possui um mundo, um ego que se relaciona a um pensamento, uma causa separada de seu efeito, como tendo um espaço definido e um tempo infinito. Ele é um ser, não o ser em si."

PAUL TILLICH (1886-1965)

É comum sugerir que, ao usar a palavra "Deus", estamos realmente todos falando da mesma coisa, visto que a vasta gama de significados — mesmo os opostos — se resume à crença de que no coração de tudo existe um "motor imóvel", uma "causa primeira", uma "força vital", o *mysterium tremendum*, o criador e mantenedor de tudo.

Existe um Deus?

Seja qual for o significado da palavra "Deus", a discussão anterior supõe que de alguma forma Deus existe. O debate é eterno, mas voltou à tona recentemente graças ao livro de Richard Dawkins, *Deus, um delírio*. Os que não acreditam em Deus citam em seu favor a ausência de provas objetivas da existência de qualquer tipo de ser supremo, quanto mais do Deus criador das religiões bíblicas. Atualmente, a biologia evolutiva e a astrofísica absorveram o conceito de Deus ao dar conta satisfatoriamente das iniciativas que antes eram atribuídas à onipotência divina. Voltaire (1694-1778) disse a famosa frase: "Se Deus não existisse, teríamos que inventá-lo." A implicação é que se a biografia de Deus fosse escrita, sua concepção poderia ter ocorrido quando nossos antigos ancestrais, temerosos, estupefatos e desesperados para explicar o ambiente hostil onde lutavam para sobreviver e precisando de ajuda de um ser superior, começaram a fazer perguntas. Para eles, a ideia de um deus — ou deuses — manifestado nas forças da natureza servia como resposta.

"Não sei se Deus existe. Mas seria melhor para Sua reputação que Ele não existisse."

JULES RENARD (1864-1910)

• •

As crenças primitivas dos primeiros seres humanos foram sinceras, mas depois povos mais sofisticados usaram a possível existência de Deus como forma de apostar nos dois lados. O filósofo e matemático francês Blaise Pascal (1623-1662) é famoso por sua aposta: ele sugeriu que embora jamais venha a ser possível provar a existência de Deus por meio da razão, deveríamos nos comportar como se Ele realmente existisse, porque, ao viver a vida de acordo com tal premissa, nós teríamos tudo a ganhar e nada a perder. Albert Camus (1913-1960) tinha a mesma opinião: "Prefiro

FILÓSOFO EM CINCO MINUTOS 125

viver como se Deus existisse e descobrir que Ele não existe ao morrer do que viver como se Ele não existisse e descobrir que existe ao morrer." Contudo, a noção de apostar nos dois lados na questão da existência de Deus sugere uma atitude pouco séria, e a maioria das pessoas envolvidas neste debate provavelmente acharia insatisfatório um agnosticismo que tentasse a Providência Divina, visto que o agnosticismo (ver a pergunta na página 191) implica ter a mente aberta.

Quando as pessoas dizem "Eu acredito em Deus", como no Credo dos Apóstolos ou em outras afirmações, o ateu deve acreditar que todos estão iludidos? Já se disse que uma pessoa com experiência nunca está à mercê de uma pessoa com um argumento, e este parece ser um ponto de vista reconfortante, mas não se nós queremos "provas" da validade desta experiência a fim de compartilhá-la. Contudo, é possível que sempre tenhamos feito a pergunta errada, visto que "existência" pode ser um atributo totalmente incorreto para se atribuir ao Divino. Em vez de perguntar se Deus existe, talvez devêssemos perguntar se Deus está nos persuadindo, silenciosamente nos instigando, chamando a nossa atenção. Rudolph Otto (1889-1937) escreveu sobre o "numinoso", a sensação de urgência do "outro", através da qual nós ficamos cientes de que "algo" nos atingiu, mas não temos muita certeza do quê. Pode ser estético, etéreo ou uma parte do nosso ser que despertou. Podemos achar que é possível identificar isto confortavelmente com a ideia de Deus, mesmo que ela só possa ser compartilhada com os que a reconhecem como algo familiar. Tal subjetivismo compartilhado, embora bem fundamentado pelas escrituras e pelos credos, não constitui prova de que existe um Deus. Pode ser que essa intuição funcione como validação que articule tudo isso. Como o apostador Pascal perceptivamente afirmou, "o coração tem razões que a própria razão desconhece".

Deus é "algo" ou "alguém"?

Temos uma ideia de como Deus é estimado pelos modos de tratamento usados na adoração e nas preces: "Deus Todo-Poderoso", "Pai Nosso", "Senhor", "Jesus Cristo" etc. Quando Moisés pediu a Deus para se identificar, Deus respondeu: "Eu *sou*." Em outras palavras, Ele é aquele que "*é*". São Paulo usou o termo "Deus Eterno". Para os judeus, o verdadeiro nome de Deus é sagrado demais para ser pronunciado, sendo por isso representado nas escrituras pelo *tetragrammaton*, transliterado em inglês como YHVH ou YHWH (ou ainda JHVH, na forma latinizada). Às vezes o nome recebe vogais e é escrito como "Yahweh" em inglês, do qual deriva o nome anglicizado Jehovah em inglês e Jeová em português. O islamismo tem "os 99 mais belos nomes de Deus", que representam os atributos de Alá. Por exemplo, *Al-Rahman*, o Beneficente, ou *Al-Muntaqim*, o Vingador. No hinduísmo, *Bhagavan* significa "Deus"; *Ishvara*, o Controlador Divino; *Paramatma*, a Alma Suprema, e, dentre vários outros nomes, quatro são mais familiares: Brahma, Vishnu, Krishna e Rama. Embora os budistas aceitem a existência de *devas* (seres num plano

FILÓSOFO EM CINCO MINUTOS

superior aos humanos), o budismo não é teísta, isto é, não tem um conceito de Deus como motor principal, por isso a questão do "algo" ou "alguém" não se aplica a este caso. Contudo, o Buda histórico tem o atributo de um originador espiritual, um *Bodhisattva*, um ser que está "fadado à iluminação". Ele atingiu o nirvana pelos próprios esforços e é considerado a encarnação do *Dharmakaya*, o aspecto não manifesto e inconcebível de Buda, um "iluminado." O Buda era "alguém" e um modelo de comportamento espiritual para seus seguidores.

Pelo que foi discutido no parágrafo anterior, deve estar claro que para alguns Deus é claramente "alguém", e para outros, uma entidade tão abstrata a ponto de tornar os atributos e as qualidades irrelevantes. Mesmo para as formas antropomorfizadas de Deus existe uma sensação de inefabilidade: nomes e pronomes são empregados para dar conta de um conceito que, de outra forma, seria incompreensível. O enigma para qualquer religião sempre consistiu em como os crentes podem se agarrar a sua fé, considerando a tensão interna de um conceito de Deus que é absoluto e universal, e, ao mesmo tempo, relativo e pessoal.

As religiões, com as crenças que as definem, evoluem da mesma forma que todo o resto. Diz-se que a genialidade do judaísmo foi trazer o monoteísmo para o mundo das culturas politeístas, e que a genialidade do cristianismo está no conceito da encarnação, um dispositivo que tornou o invisível visível e o incompreensível cognoscível. A encarnação é a forma mais completa do antropomorfismo, que não só condicionou a cultura ocidental a pensar em Deus como uma pessoa como também deixou Deus acessível em termos de relacionamentos hümanos. "Pai Nosso, que estais no céu..." sugere um "alguém", mesmo sendo um "algo", um espírito encarnado.

Fomos "feitos" à imagem e semelhança de Deus?

Para as religiões bíblicas, a ideia de que fomos feitos à imagem e semelhança de Deus tem sua origem no mito de criação do Gênesis, mas é reafirmada pelo mito do nascimento de Jesus, descrito como uma encarnação. De acordo com o primeiro, sabemos que carregamos a semelhança de Deus, e pelo segundo, que Deus assumiu a forma humana. O Gênesis, contudo, fornece um relato dúbio da criação do homem. No capítulo dois (2:7) nós aprendemos que "formou o Senhor Deus o homem do pó da terra, e soprou em suas narinas o fôlego da vida; e o homem foi feito alma vivente". Depois, no capítulo cinco (5:1), ficamos sabendo a genealogia do homem: "Este é o livro das gerações de Adão. No dia em que Deus criou o homem, à semelhança de Deus o fez." Este relato sugere que nos assemelhamos a Deus da mesma forma que uma criança se parece com os pais.

O mito do Gênesis não sugere que a nossa semelhança com Deus seja física: como Jesus diz em João 4:24 que "Deus é espírito", ser feito à imagem e semelhança Dele claramente tem outra interpretação. Os que têm uma visão fundamentalista da criação abordarão essa pergunta de modo positivo e literal, enquanto outros preferem a visão de que, ao se assemelhar a Deus espiritualmente, nós partilhamos de sua natureza essencial. Como qualquer criança em crescimento, somos capazes de aspirar ao estado de um ser espiritual superior. Contudo, não somos meros reflexos ou clones do Divino: cada um de nós é único e, de acordo com a teologia bíblica, a imagem que carregamos individualmente é uma distorção da marca de Deus.

"P. 3: Em que consiste a imagem de Deus, que foi imposta ao homem em sua primeira criação?
R. 1: Negativamente, a imagem de Deus não consiste em nenhuma semelhança externa visível de seu corpo com Deus, como se Deus tivesse qualquer forma corpórea.
R. 2. Positivamente, a imagem de Deus consiste na semelhança interna de sua alma com Deus, em conhecimento, retidão e santidade."

THOMAS VINCENT (1634-1678)

Há um paradoxo teológico associado à noção de termos sido feitos à imagem e semelhança de Deus. Tradicionalmente, o que prejudica a imagem dos seres humanos são os "pecados da carne". A carne é a culpada pelos nossos problemas espirituais, e ainda assim, se fomos criados à imagem e semelhança de Deus, cada um de nós é uma encarnação: o espírito se fez carne quando o primeiro homem, Adão, foi criado, e mais uma vez quando o "segundo Adão", Jesus de Nazaré, encarnou. Talvez seja melhor ignorar o dualismo carne-espírito, como sugeriu Gerhard von Rad (1901-1971): "Faz-se bem em separar o mínimo possível o corporal e o espiritual; o homem como um todo é criado à imagem e semelhança de Deus."

As tradições orientais pintaram a história da criação e da marca divina numa tela muito mais ampla. Para os hindus, a criação que Brahma instigou é inacabada e, ao se desenvolver espiritualmente, todos participam desse processo contínuo de criação. Há uma imagem coletiva do que é feito, um mosaico com o qual todos contribuem com seus azulejos únicos. Os budistas nasceram com a natureza búdica marcada neles, mas são sombreados por concepções erradas, apetites e ilusões. "Realização" e "iluminação" são palavras que descrevem perfeitamente o que acontece quando o indivíduo revela seu "eu" original e puro.

Se de alguma forma nós carregamos a imagem de Deus como Seus representantes, certamente estamos bem longe do padrão exigido. Não importa de que "imagem" estamos falando, ela existe como potencial. Mary Daly (1928-2010) afirma: "O potencial criativo nos seres humanos, esta é a imagem de Deus."

Deus é o todo da natureza?

A palavra "panteísmo" deriva de duas palavras gregas: *pan*, "todo", e *theos*, "deus", significando "tudo é Deus". Podemos abordar isso de duas formas. A primeira acreditando que não existe divindade absoluta, separada, distinta de todo o universo e da natureza, e que tudo o que vemos, incluindo nós mesmos, *é* Deus. Ou podemos acreditar que existe um Deus separado, mas que está em tudo, que o todo do mundo físico consiste numa materialização do Divino. Para esta visão o termo "panenteísmo" ou "Deus *em* tudo" às vezes é usado. Como uma crença religiosa, o panteísmo implica uma forma de animismo (do latim, *anima*, "alma" ou "vida"), uma ideia filosófica ou religiosa na qual tanto o mundo animado quanto o inanimado, além de todos os fenômenos naturais, são dotados de alma ou espírito. A diferença é que o panteísmo endossa a ideia de uma força eterna e animadora em vez de muitos espíritos. Esse conceito do espírito habitado foi tecido na trama das crenças das primeiras sociedades e seu fio pode ser rastreado ao longo da história das ideias tanto no Ocidente quanto no Oriente. "Deus é causa imanente, e não transitiva, de todas as coisas", escreveu Baruch Spinoza (1632-1677), enquanto o *Rig Veda* diz que "brâmane é o não nascido no qual tudo o que existe permanece. O Um se manifesta como muitos, o sem forma ganha formas."

GERALD BENEDICT

"Eu acredito em Deus, apenas o chamo de Natureza."

FRANK LLOYD WRIGHT (1867-1959)

A ideia da interconectividade e interdependência de tudo implica uma diversidade unida por uma harmonia subjacente. Zenão (490-430 a.C.) acreditava que "Deus é a alma do mundo, e cada um de nós contém uma parte do Fogo Divino. Todas as coisas são partes de um único sistema, que se chama Natureza". O fato de Deus *ser* o todo da natureza é uma proposta atraente. Contudo, o fato de Deus estar separado e ao mesmo tempo dentro da natureza carrega o problema da dualidade: Deus *e* alguma coisa. As concepções errôneas causadas pelo dualismo são justamente o que a maioria das religiões procura superar. O filósofo e poeta místico indiano Al-Kabir (1440-1518) nos alertou: "Contemple o Uno em todas as coisas, é este que o afasta do caminho." Baruch Spinoza foi excomungado da sinagoga devido ao seu panteísmo. "Deus está em tudo e tudo está em Deus", escreveu ele, expressando uma filosofia que era virtualmente uma religião da natureza. O taoísmo talvez seja a única filosofia religiosa "estabelecida" que ensina uma visão panteísta da natureza. Ele foi bem definido por Chuang-Tzu, que viveu por volta do século IV a.C.: "O universo e eu existimos juntos, e todas as coisas e eu somos uma unidade. Quem considera todas as coisas como uma unidade é um companheiro da Natureza."

A ideia de Deus como sendo o todo da natureza terá apelo para muitos de nós como algo libertador, pois deixa

de lado as formas institucionalizadas da religião, libertan-
do-nos de credos e da ortodoxia, e permitindo-nos perceber
na natureza o que é mais importante para nós, seja alguma
forma de espírito transcendente ou de estética matemática.

O darwinismo significa que Deus está morto?

"Onde está Deus?', ele gritava. 'Eu devo
dizer-lhes: nós o matamos — você e eu. Todos
somos assassinos... Deus está morto. Deus
continua morto.'"

FRIEDRICH NIETZSCHE (1844-1900)

O drama recontado por Nietzsche faz parte de uma
história que começa com um louco procurando desespera-
damente por Deus. "Onde está Deus?", ele queria saber. A
parábola é a forma de Nietzsche dizer que Deus está morto
no coração das pessoas modernas, morto pelo racionalismo e pela ciência. As teorias evolucionistas de Charles Darwin
(1809-1882) foram um dos principais temas da "ciência"
que Nietzsche considerava responsáveis pela morte de
Deus. O livro *A origem do homem e a seleção sexual* (1871)
apresentou ao mundo ideias que questionavam as tradições
recebidas da Bíblia, especificamente que Deus criou o universo em seis dias e que o homem, feito à Sua imagem e
semelhança, era o ápice daquela iniciativa. A cristandade
teve que encarar o conceito de que o homem descendeu de

chimpanzés, e Deus foi declarado morto, visto que as pessoas pararam de acreditar Nele, por estes e outros motivos.

Se Deus morreu, o homem também não está vivo. O psicólogo social e filósofo Erich Fromm (1900-1980) disse o seguinte: "No século XIX, o problema era que Deus estava morto; no século XX o problema é que o homem está morto." Fromm indicava uma grande transformação ocorrida em nossa cultura, visto que o racionalismo e a ciência ameaçaram tanto as percepções tradicionais de Deus e da fé quanto a faculdade da mente com a qual se compreende Deus. Contudo, o importante não é a morte de Deus e da fé, e sim a mudança na compreensão que o ser humano tinha de ambas. A morte de Deus é a morte de uma ideia errônea, bem como das culturas que a geraram e a sustentaram. Nietzsche, o racionalismo e a ciência abriram a porta para o existencialismo e o secularismo, e, nesse processo, o que morreu foi o ambiente cultural no qual os antigos conceitos eram mantidos. Para as religiões estabelecidas, a evidência mais visível disso foi a desmistificação das escrituras, reduzindo o elemento mítico da Bíblia de modo a obter uma imagem mais clara da história subjacente. Nós começamos a mudar para o que Dietrich Bonhoeffer (1906-1945) sempre estimulou: um "cristianismo sem religião". Foi um movimento que atingiu praticamente todas as religiões.

O conceito de um Deus encarnado, com todos os antropomorfismos que o acompanham, deu lugar para muitos à noção de Deus como puro espírito, algo que não pode ser definido por teologias ou contido em credos. Este conceito ainda é válido para biólogos evolucionistas e está vivo na consciência de milhões. E não há nada de errado nisso, como Irv Kupcinet (1912-2003) pergunta, com razão: "O que você pode dizer sobre uma sociedade que diz que Deus está morto e Elvis está vivo?"

A humanidade evoluiu tão bem em termos espirituais quanto em termos físicos?

As ideias associadas à evolução espiritual são diversas e englobam conceitos tão gerais quanto a cosmologia cíclica ou tão específicos e individuais quanto a epigênese, a sugestão filosófica ou teológica de que a mente hospeda o impulso criativo original, fonte do desenvolvimento de toda a humanidade.

A evolução espiritual como cosmologia cíclica se baseia numa tradição integrada a algumas culturas antigas da queda de uma era de ouro, carregada pela história por meio da memória tribal e da mitologia de um paraíso original. Uma vez completo, o ciclo nos devolverá ao "paraíso recuperado". Um exemplo está no conceito hindu das quatro Yugas ou "eras", grandes intervalos de tempo calculados em ciclos astrológicos. Evoluindo em termos de espiritualidade, a humanidade passou da Kali Yuga, ou a Era Sombria de degeneração e distanciamento de Deus, através das outras Yugas até chegar à Satya Yuga, ou Era de Ouro do mundo, quando o ciclo recomeçará. O professor hindu Swami Sri Yukteswar (1855-1936), venerado como um *Jnanavatar* (encarnação da sabedoria), escreveu: "Já tendo há muito se

GERALD BENEDICT

passado a era sombria de Kali, o mundo está alcançando o conhecimento espiritual." Conceitos semelhantes de evolução espiritual em "grande escala" também são encontrados, por exemplo, no budismo, na cosmologia maia e na cabala de Isaac Luria (1534-1572).

De acordo com a filosofia da epigênese, o conceito da evolução espiritual se inspira na crença de que a humanidade participa do processo contínuo da criação, tanto individual quanto coletivamente: nós construímos sobre o que já foi criado, mas cada um de nós adiciona uma contribuição individual e única, cujo valor é determinado pelo nível da nossa espiritualidade. Nós evoluímos espiritualmente ao ponto de termos consciência da inteligência criativa da humanidade, pois quanto mais ela estiver em foco, maior a nossa probabilidade de fazer uma contribuição original. Nós poderemos evoluir espiritualmente apenas quando a epigênese estiver ativa. Quando ela estiver inativa, nós degeneraremos. A evolução espiritual da humanidade está relacionada à evolução física, durante a qual a consciência evoluiu ao ponto de permitir o nosso envolvimento com o que chamamos de "espiritualidade", bem como outras formas de abstração. Num texto na revista *Scientific American*, Michael Moyer expressou a visão de que: "Tomadas em conjunto, as adaptações evolutivas que fizeram o jardim da sociedade humana florescer também forneceram a terra fértil para a crença em Deus."

Quando comparamos as sociedades primitivas com a nossa, aplicamos julgamentos de valor para sugerir que somos mais avançados, mais sofisticados, mais humanitários e por aí vai. É verdade que nós evoluímos espiritualmente desde então e, ao fazê-lo, contribuímos muito para a criação por meio da arte, da tecnologia e de todas as formas de ciência. Mas essa evolução espiritual pouco fez para livrar a civilização da desumanidade: não somos menos violentos que nossos ancestrais, nem respeitamos mais o meio ambiente. Resumindo, nós evoluímos de formas de vida organicamente simples para virar criadores inteligentes e tendo consciência do nosso potencial espiritual.

A evolução é holística. Nós nos desenvolvemos não só espiritualmente, mas em várias frentes ao mesmo tempo, com interconexões complexas entre elas. Para Ken Wilber (1949), a evolução espiritual está inextricavelmente ligada à evolução da consciência: "A transformação mais radical, difundida e de grande impacto", acreditava ele, "ocorreria se todos realmente evoluíssem para um ego maduro, racional e responsável, capaz de participar livremente da troca aberta e mútua de autoestima. Seria a 'margem da história'. Haveria uma verdadeira Nova Era".

Eu tenho alma?

O fato de termos alma é, para alguns, a nossa ilusão básica. Para outros, é o princípio fundamental da vida. A palavra "alma" foi tão corrompida quanto a palavra "Deus". Como acontece com qualquer palavra capaz de ter vários significados, nós perdemos de vista o que ela realmente representa. Para Sócrates (469-399 a.C.), a alma era fundamental para entender o sentido da vida: "O fim da vida é ser como Deus, e a alma que seguir a Deus será como Ele." Sócrates falava da necessidade de cuidar, alimentar e proteger a imortalidade da alma, enquanto Platão (428-347 a.C.) sugeriu que o filósofo era como um médico, responsável pela saúde e pelo bem-estar da alma. A tradição grega, que influenciou consideravelmente o desenvolvimento de teologias utilizadas pelas religiões bíblicas, concebeu a alma como a nossa cota individual do intelecto divino, distinguindo assim a humanidade dos (outros) animais. Essa "parte" de nós é imortal e transcendente, indo além da mente com a qual compreendemos a verdadeira natureza das coisas. Para Aristóteles, a alma era a forma do corpo, e o corpo era a matéria ou substância da alma, uma relação que foi levada para a religião hebraica. No Antigo Testamento, a palavra em hebraico *nephesh* é traduzida como "alma", "vida" ou "soro de vida", e o Livro de Provérbios diz: "O espírito do homem é a lâmpada do Senhor, que esquadrinha todo o interior até o mais íntimo do ventre." O judaísmo, contudo, não separa a alma do corpo, dando ênfase ao homem como uma unidade de forças vitais combinadas. O corpo é o templo da alma, a alma encarnada, e o cristianismo desenvolveu essa ideia, vendo a alma como o aspecto da pessoa que sobrevive à morte física. São Mateus aponta para a importância vital dela: "Pois que aproveita ao homem ganhar o mundo inteiro, se perder a sua alma?" (Mateus 16:26)

FILÓSOFO EM CINCO MINUTOS

"Você não tem uma alma. Você *é* uma Alma. Você *tem* um corpo."

C. S. Lewis (1898-1963)

A palavra "alma" claramente representa um aspecto fixo e essencial da nossa constituição, algo que as *Avadanas* (histórias dos santos) budistas sugerem ser inato: "O aroma é a essência das flores, o óleo é inerente ao gergelim... e, da mesma forma, o sábio reconhece que a alma é inata ao homem." De formas diferentes, as religiões entendem que a alma individual está relacionada ou faz parte de uma entidade espiritual maior, como a "Alma Mundial" platônica, o Deus onipresente, a mente universal ou o esforço romântico da alma para se unir à natureza. Mesmo o racionalismo, incapaz de aceitar a existência da alma como entidade espiritual, reconhece seus atributos, principalmente a vontade, vitalidade, alegria, força mental e memória.

Seja uma propriedade da mente, do espírito ou ambos, podemos muito bem ter uma alma que sobreviva à morte física, mas não existe prova concreta disso. Mesmo assim, a consciência de si nos mantém cientes de algo indispensável dentro de nós, o que o Lama Anagarika Govinda (1898-1985) chamou de "o poço profundo e oculto do nosso ser", sugerindo que "não é a imutabilidade que torna nossa alma grande, e sim a faculdade de transformação que nos permite ressoar com as melodias de todas as esferas do universo".

Para onde o espírito ou a alma vai após a morte?

Todas as religiões ensinam que a "boa" alma tem um destino final, e alguns dos nomes para ele sugerem um lugar existente, por exemplo: céu, paraíso, Casa do Pai, Morada de Deus, Reino de Deus, Cidade de Deus, Valhalla, Campos Elísios, Avalon etc. Outros são mais abstratos, como nirvana, utopia, glória eterna ou êxtase. Por outro lado, a alma "pecadora" pode se ver na companhia do Diabo no "outro lugar", que também sugere um determinado local: submundo, inferno, Hades, poço sem fundo, Geena, a Morada dos Mortos, Orco, Dis, Averno, Tártaro, Érebo, o *Niflheim* escandinavo, o *Naraka* hindu ou o *Avici* budista. Os conceitos de inferno também podem se referir a um estado de tormento ou sofrimento eterno. Em algumas tradições, a alma pode permanecer num estado intermediário para julgamento, como a Ponte do Julgamento do Zoroastrismo, o purgatório do catolicismo, o Seol do judaísmo ou a hierarquia hindu e budista dos reinos superiores, experiências temporárias em que a pessoa espera pelo renascimento como parte de um longo processo cíclico de nascimento-morte-renascimento até que alguém se liberte do ciclo.

O elemento do nosso ser que possa sobreviver à morte, seja ele qual for, é o que identificamos como "alma" ou "eu" essencial. Supondo que tenhamos uma alma, o debate sobre se ela sobrevive à morte envolve, além da pergunta mais ampla sobre se o ser humano pode sobreviver à morte, um ponto mais específico de como tal entidade pode passar ao seu destino adequado, seja ele qual for. Qualquer resposta

FILÓSOFO EM CINCO MINUTOS

deve levar em conta a noção de hereditariedade, bem como o princípio de continuidade e preservação. Fisicamente não temos problema com isso, visto que o código genético explica a continuação das características físicas tanto entre indivíduos como entre espécies. O que se preserva é uma "memória" física ou biológica. Contudo, existem muitas pessoas que na infância recuperam lembranças de existências passadas, com experiências bem relatadas. Por exemplo, o conselheiro e terapeuta espiritual Rabino Yonassan Gershom escreveu sobre seu trabalho com pessoas que relembraram seu envolvimento no Holocausto, embora tenham nascido muitos anos depois daqueles eventos. Segundo o Lama Govinda (1898-1985), a memória "é tanto força de preservação quanto de criação da forma". A memória como aspecto da consciência, argumenta o Lama, "busca o germe ainda não diferenciado, maleável e receptivo da vida como base material de um novo organismo individual". Essa forma de continuidade e preservação, conhecida como reencarnação, é o princípio fundador do budismo tibetano. Nenhum dos céticos científicos que argumentam que Deus e todas as coisas espirituais são ilusórios levou em conta o princípio da reencarnação. Podemos considerar de boa-fé a ideia de reencarnação como resposta plausível para as nossas insistentes incertezas sobre a vida após a morte.

"Céu: s. Lugar em que os perversos param de incomodá-lo com conversas sobre os assuntos pessoais deles e os bons ouvem com atenção enquanto você expõe os seus."

AMBROSE BIERCE (1842-1913)

Para muitos, a possibilidade de nossa alma — espírito, consciência ou lembranças — reencarnar é a resposta mais satisfatória para a pergunta: "Nascemos apenas para morrer?" É interessante observar que o conceito de reencarnação se encaixa mais facilmente nas tradições e culturas orientais do que no Ocidente. Um dos motivos para isso é o ensinamento budista sobre o karma, que, em termos bem simples, é a lei da causa e efeito. Na morte, essa cadeia de ação e reação deixa cada um de nós com algo que ainda precisa ser trabalhado, e uma nova vida fornece oportunidade para tal. Este pensamento contrasta fortemente com a noção ocidental da morte como sendo o fim da vida consciente do indivíduo, ainda que a pessoa possa sobreviver espiritualmente. A ideia de reencarnação está conosco há muito tempo. "Tenho certeza de que realmente existe tal coisa como uma vida nova, e de que a vida brota da morte, e de que as almas dos mortos existem." Podemos nos surpreender ao descobrir que o autor destas palavras foi Sócrates (469-399 a.C.)

O que é uma vida espiritual?

A noção do espiritual se refere a uma realidade além da física, significando que dentro da soma total do mundo físico existe outra dimensão ou energia que não obedece à lei física, mas mesmo assim nos afeta individualmente. A vida espiritual é o cultivo pessoal desta energia, através da qual aprofundamos nossa sensação do "outro" ou do absoluto. Buscar uma vida espiritual geralmente envolve certos tipos de prática, como preces, meditação e contemplação, ou as liturgias mais formais e orações prescritas realizadas diariamente pelos judeus, cristãos e muçulmanos. Desenvolver uma vida espiritual não necessariamente envolverá alguma religião. Nosso objetivo não precisa ser transcendente, pode ser apenas encontrar uma orientação pessoal e uma sensação de sentido, direção e inspiração para esta vida na Terra. Uma vida espiritual não precisa ser teísta: pode ser estética, ética ou ambas. Admiração e assombro até podem estar envolvidos, mas o resultado deve ser o aumento da autopercepção e compreensão. Para muitos, desiludidos com os credos, teologias e práticas religiosas tradicionais, a vida espiritual é movida pela sensação de que de alguma forma somos conectados a todo o universo, parte fundamental do *mysterium tremendum*, um elo indispensável na cadeia de causa e efeito conhecida pelos budistas como "origem dependente".

A verdadeira espiritualidade reside no coração de todas as religiões, mas nenhuma tem o monopólio dela. Usando sua máscara religiosa, a espiritualidade é o caminho para a salvação ou iluminação, mas é tão limitada pelos dogmas, credos, teologias e rituais impostos para o seu desenvolvimento que se uma pessoa amadurecer espiritualmente a ponto de obter a salvação ou iluminação, isso parece acontecer "apesar da" em vez de "por causa da" estrutura religiosa. As religiões orientais oferecem um conceito mais fluido de espiritualidade, entendido em termos de formas avançadas de consciência e percepção. Desenvolvê-las não depende da estrutura de um determinado sistema de crenças, e sim do foco e da determinação do indivíduo em aprofundar o que se chama "concentração total" ou "percepção imediata". Não há nenhuma invocação da "graça de Deus", nenhum mediador ou ajuda externa: apenas a própria vontade de nos envolver e nos comprometer com o processo. Ram Das (1931) define desta forma: "A jornada espiritual é individual, altamente pessoal. Não pode ser organizada ou regulada. Não é verdade que todo o mundo deve seguir um caminho. Ouça a sua própria verdade."

É provável que ao tentar entender o que é uma vida espiritual e vivê-la, ainda que modestamente, nós a compliquemos demais, envolvendo-a em teologias e misticismos, fechando-nos em toda sorte de ortodoxias e autoridades, confundindo-nos ao fazer distinções entre corpo e espírito, material e espiritual, secular e sagrado, mesmo entre o bom e o mau. Como recomenda o anúncio da Nike, devemos "*just do it!*" [simplesmente fazer!]. Kalu Rinpoche (1905-1989) diz que "vivemos na ilusão e na aparência das coisas. Existe uma realidade. Somos esta realidade. Quando você compreender isto, verá que você não é nada. E não sendo nada, você é tudo. É isso".

Que diferença a ausência de Deus pode fazer?

A ausência de Deus foi proposta pela primeira vez por uma tendência ou atitude na filosofia conhecida como "existencialismo", que se originou no século XIX e foi até o século XX. Ele se concentra na investigação filosófica sobre o conceito de ser em vez do conhecimento. O existencialismo põe a responsabilidade de encontrar sentido e propósito na vida totalmente no indivíduo, que tem apenas a própria experiência e situação para recorrer. Enquanto uma crença em Deus dava significado à vida, o ambiente secular no qual o existencialismo se desenvolveu liberou o pensamento humano de modo que, longe do controle metafísico, a mente foi capaz de procurar outros termos significativos de referência. Neste processo Deus foi considerado ausente, uma noção representada pela famosa declaração de Nietzsche (1844-1900): "Deus está morto!" Isso não implica o fim da religião, visto que há muitas respostas religiosas para a ideia existencialista básica da autorresponsabilidade e pode-se argumentar que o budismo, com sua ênfase no autoconhecimento e na necessidade de cruzar um mundo inteiramente ilusório, é uma religião existencialista. O importante é que a existência seja "autêntica", que o ser humano deva ser verdadeiro consigo mesmo e, ao conseguir fazê-lo, alguns manterão a presença de Deus enquanto outros, ao considerar a existência e a situação em que ela nos coloca, concluirão que Deus não está mais lá.

"Agora não é mais a presença de Deus que reconforta o homem, e sim a ausência Dele. É muito estranho, mas é verdade."

FRITZ LANG (1890-1976)

A ausência de Deus não significa que Ele não existe, e sim que se ausentou. Nas palavras de Martin Heidegger (1889-1976), Ele vira "o Deus além de Deus": está ausente no sentido de que sua existência é de uma ordem inteiramente diferente, situada na tensão entre o ser e o não ser, ainda que exija o ser com o fim de "ser" Deus. De modo mais simples, Deus está ausente porque não pode ser conhecido, visto que a mente humana não é capaz de ir além do nosso mundo perceptível. Por esse motivo, a ausência de Deus é símbolo da solidão do homem, de seu isolamento, uma vez que, no contexto da "existência" individual, Deus não é encontrado. Jean-Paul Sartre (1905-1980) escreveu: "Deus é ausência. Deus é a solidão do homem." Este era e continua sendo o mantra de um secularismo carregado de potencial espiritual. E ainda assim, segundo Soren Kierkegaard (1813-1855), a ausência de Deus significa algo a ser temido, ou "angústia", visto que nossa existência é aberta para um futuro indeterminado que podemos negociar apenas através de nossas ações livremente escolhidas. Para Kierkegaard, o Deus ausente era o Deus secreto: "Deus não é como um ser humano; não é importante para Deus ter a evidência visível para ver se sua causa saiu vitoriosa ou não; ele vê em segredo muito bem."

Libertados pela ausência de Deus, nós "alcançamos a maioridade", como Dietrich Bonhoeffer (1906-1945) afirmou que faríamos. Não só a humanidade foi libertada, mas Deus também, visto que Ele agora está sem religião. Podemos examinar a ausência de Deus com uma impunidade duramente conquistada, podemos analisar o espaço vago e antecipar sua ocupação por algo fundamentalmente significativo. A solidão existencialista de Sartre se mostrou tão formadora quanto o mito da encarnação de Deus, do espírito feito carne. O interessante é que o misticismo de todas as principais religiões é fundado na indispensabilidade da solidão, que, em seu sentido mais profundo, é uma ausência do "eu". Com ambos — tanto Deus quanto o "eu" — ausentes, eles estão livres para se reencontrar.

6
Religião

"A religião é a metafísica das massas."

ARTHUR SCHOPENHAUER (1788-1860)

"A religião é considerada verdadeira pelas pessoas comuns, falsa pelos sábios, e útil pelos governantes."

SÊNECA, O JOVEM (3 A.C.- 65 D.C.)

O que é religião?

A palavra tem uma história interessante. Para muitos, como Cícero (106-43 a.C.), a etimologia deriva de *relegare*, que significa refletir sobre algo, examinar com a mente. Outra raiz pode ser *religare*, "atar rapidamente" ou "atar apertado", dando a sensação de obrigação ou laço que une as pessoas. *Religio* é o respeito por algo sagrado ou reverência pelos deuses. Uma palavra anglo-francesa do século XI, *religiun*, significava comunidade religiosa, enquanto no século XII uma "religião" era um modo de vida definido por votos monásticos, implicando uma crença em Deus formulada pelas regras da Ordem. Um resumo dessas fontes define a religião como um conjunto particular de crenças, juntamente com as práticas, os rituais e as devoções por elas exigidas, que foram autorizadas pelo costume ou por um conselho. Podemos acrescentar que o conjunto de crenças pelo qual a comunidade religiosa é definida, seja cristão ou budista, provavelmente terá um código ético que irá determinar o comportamento e a conduta do grupo em questão.

Desde o Iluminismo, a ideia de religião ficou muito mais ampla. De acordo com o sociólogo francês Émile Durkheim (1858-1917), "uma religião é um sistema unificado de crenças e práticas relativas a coisas sagradas". Não há obrigação de um credo ou autoridade, e o indivíduo decide o que "é sagrado". O filósofo e matemático A. N. Whitehead (1861-1947) sugeriu que "religião é o que o indivíduo faz com a própria solidão", definição típica do ponto de vista subjetivo estilo "qualquer coisa serve" que estava surgindo na época. O movimento mantinha distância de todas as formas de ortodoxia e prezava a simplicidade. Talvez de modo surpreendente para o líder do budismo tibetano, o Dalai Lama declarou: "Esta é minha simples religião. Não há necessidade de templos ou de filosofias complicadas. Nosso próprio cérebro, nosso próprio coração são nossos templos. A filosofia é a bondade." O princípio desse tipo de abertura teve um apelo enorme, liberando as pessoas para se encontrar com o Divino de modo mais significativo para elas. Embora não seja de forma alguma a história completa de suas crenças cristãs, São Tiago deu em sua primeira carta uma definição de religião "pura" tão inesperada no contexto de uma teologia rígida que podemos muito bem sentir que ele não gostou das implicações do que escrevera: "A religião pura e imaculada para com Deus, o Pai, é esta: visitar os órfãos e as viúvas nas suas tribulações, e guardar-se da corrupção do mundo." Não há nada especificamente cristão nisso, e o que foi dito poderia ficar confortavelmente dentro de várias religiões que acham útil pensar em Deus como "Pai". O resto é serviço social, e "guardar-se da corrupção do mundo" é um aviso contra o consumismo e o materialismo.

"Deus não tem religião."

MAHATMA GANDHI (1869-1948)

FILÓSOFO EM CINCO MINUTOS

A religião sempre terá seus detratores e dissidentes, seja Karl Marx (1818-1883), que a ridicularizava, considerando-a "o ópio do povo", Bernard Shaw (1856-1950) com seu misticismo secular, ou Percy Bysshe Shelley (1792-1822) com seu ateísmo lírico. Ambrose Bierce (1842-1913) escreveu uma definição ácida como sempre em seu *Dicionário do Diabo*: "Religião, *s*. Filha da Esperança e do Medo, explicando para a Ignorância a natureza do Desconhecido."

A religião satisfaz uma necessidade humana básica?

Em sua teoria da religião, Steven Reiss, professor de psicologia na Universidade do Estado de Ohio lista 16 necessidades humanas básicas que a religião satisfaz. "A religião", escreve ele, "é multifacetada, não pode ser reduzida a apenas um ou dois desejos". A teoria se baseia no conceito de motivação, isto é, o comportamento orientado a objetivos que define nossas "necessidades". Não cabe aqui descrever todas as necessidades humanas identificadas por ele, mas alguns exemplos darão uma ideia geral do que Reiss tinha em mente: aceitação (necessidade de aprovação), curiosidade (necessidade de aprender), contato social (necessidade de amigos), status (necessidade de posição social) e ordem (necessidade de ambientes organizados, estáveis, previsíveis). Certamente a religião pode preencher essas necessidades. Contudo, mesmo com Reiss afirmando que todos os elementos de sua teoria podem ser provados cientificamente, levando a um melhor entendimento geral sobre a religião, a estrutura relacional e social definida por ele não é um relato satisfatório do que pode ser chamado de instinto e fome religiosa, não importa o quanto o conceito seja vasto.

O psicólogo e filósofo norte-americano William James (1842-1910) propôs que a única base para entender a função da religião era examiná-la como experiência, denominada de "gênio religioso". A ênfase de James estava na religião pessoal, porque todas as formas institucionais de religião derivam da experiência dos indivíduos. Cada um de nós tem crenças, sejam religiosas ou não, e embora algumas estejam além da prova racional, elas contribuem para a nossa realização. James definiu dois tipos de necessidades básicas. A primeira é a necessidade da "pessoa de mente sadia", que, em vez de insistir em pensar nos males do mundo, prefere se concentrar no bom e no positivo. A religião que atende às necessidades de tal pessoa seria aberta, menos autoritária e estaria a serviço da sociedade. A segunda é a necessidade da "pessoa de alma doente", movida pelo sofrimento, pela ansiedade e pelas tendências maléficas do mundo: para atender às necessidades desta pessoa a religião seria voltada para o pecado, oferecendo a segurança de algum tipo de experiência redentora e unificadora. O interessante é que James deu como exemplo do primeiro caso o poeta Walt Whitman (1819-1892): "Divino sou por dentro e por fora... e torno sagrado o que quer que eu toque ou que me toque." E do último, John Bunyan (1628-1688): "Não posso me contentar até ter chegado a um certo conhecimento, se eu tenho fé ou não, isto está sempre em minha mente... mas como você pode dizer que tem fé?"

FILÓSOFO EM CINCO MINUTOS

Pode-se dizer que a necessidade de salvação, mais evidente nas religiões bíblicas, é tanto básica quanto urgente, visto que a partir dessa perspectiva nós temos apenas esta vida para conquistá-la. A "percepção" ou "iluminação", o longo processo pelo qual as religiões orientais nos permitem revelar nosso "verdadeiro eu" e ver "as coisas como realmente são", também constitui uma necessidade humana básica. Nossa busca, seja por meio da religião, ciência ou do racionalismo filosófico, pode ser resumida como a necessidade de "autenticidade". Precisamos ser capazes de viver de modo confiante, garantindo que o significado e propósito da vida que adotamos sejam válidos. Assim, nós falamos sobre encontrar o único Deus *verdadeiro*, perceber nosso eu *verdadeiro*, de vivenciar a *verdadeira* felicidade, o *verdadeiro* amor e a realização *genuína*. Tudo isso corresponde a nossa necessidade de saber que estamos vivendo de modo autêntico, uma demanda que a religião pode satisfazer, numa de suas várias formas.

É possível que todas as religiões estejam certas?

Existe verdade em todas as religiões, mas diferenças no contexto e na formulação tendem à incompatibilidade entre elas. O nível de sinceridade de uma crença não é medida de sua validade, pois é possível estar sinceramente errado. Para que o diálogo entre as religiões valha a pena, o engajamento deve acontecer em termos de visões amplas em vez de detalhes específicos, e o ideal seria se concentrar nos conceitos em comum. No Oriente existem crenças similares dentro de tradições culturais diferentes. Contudo, as crenças das religiões bíblicas são definidas por teologias e dogmas que dificultam a busca de um denominador comum.

Às vezes as verdades se misturam, geralmente de modo desconfortável, para formar um sincretismo, uma mistura de crenças que nem sempre é tão realizadora quanto as partes que a compõem. O sincretismo tem por objetivo conciliar crenças opostas e diferentes ou combinar crenças de modo a aprofundar a gama e o apelo de uma religião. O início do cristianismo, por exemplo, surgiu de uma variedade de elementos filosóficos e culturais gregos e judaicos, enquanto o catolicismo sul-americano absorveu aspectos das culturas e práticas religiosas dos nativos escravizados. Bahaullah (1817-1892), fundador da fé bahai, era considerado o sucessor de Maomé, Jesus, Moisés, Buda, Zoroastro e Abraão, e parece misturar elementos dos ensinamentos de todos eles. O sikhismo, fundado pelo Guru Nanak (1469-1539), é uma tentativa de conciliar o islã do império mogol com o hinduísmo. "Não existe o caminho hindu, nem o muçulmano. Então que caminho devo seguir?", perguntou Nanak. "Deus não é nem hindu nem muçulmano, e o caminho que eu sigo é o de Deus." O sincretismo é um processo contínuo que apresenta várias formas modernas. Entre os exemplos estão o "cao dai" do Vietnã, que mistura elementos do budismo, catolicismo e kardecismo, e a tentativa nigeriana de misturar as doutrinas cristã e islâmica, que não surpreende ao se chamar "crislamismo".

FILÓSOFO EM CINCO MINUTOS

"Deus fez tantos tipos diferentes de pessoas... Por que permitiria apenas uma forma de servi-Lo?"

MARTIN BUBER (1878-1965)

É provável, então, que as muitas religiões apenas ofereçam caminhos diferentes para o mesmo objetivo? Apenas num sentido mais amplo e mais abstrato a resposta pode ser "sim". Tanto o cristianismo quanto o islamismo alegam ser a única religião capaz de levar seus seguidores a Deus, e os caminhos oferecidos por elas estão, portanto, em conflito com todas as outras religiões. O enigma então se reduz a isto: ou todas as religiões levam ao mesmo objetivo ou apenas uma religião está certa. Ao lidar com uma verdade considerada absoluta, só pode haver uma verdade. Contudo, há uma forma de sair desse impasse. As religiões que alegam ter o monopólio da verdade o fazem partindo de uma tradição fundamentalista ("fundamentalismo" é um termo que será discutido em breve). Todas as religiões, mesmo as que têm um fundamentalismo dominante, aspiram a uma tradição mística, oposta a elas. O misticismo, que advoga a experiência direta da verdade divina, é abstrato: não depende de ortodoxia ou doutrina, mas leva o praticante a um estado mental transcendente no qual, mesmo se a visão recebida tiver a *forma* de Jesus, do *ain soph* da cabala ou da inefável profundidade livre de conceitos da meditação budista, a verdade apreendida é uma verdade em comum. É possível, portanto, que todas as religiões estejam "certas" em seus aspectos místicos porque ali elas transcendem as diferenças históricas e de doutrina. O misticismo, diz Elie Wiesel (1928), é uma "forma de obter conhecimento. Está próximo da filosofia, exceto que na filosofia você vai pela horizontal, enquanto no misticismo você vai pela vertical".

Por que as religiões tentam converter as pessoas?

Para os cristãos, o "mandato para a missão" é a instrução de Jesus a seus apóstolos: "fazei discípulos de todas as nações" (Mateus 28:19). Com base na força destas poucas palavras, o cristianismo virou a religião "oficial" do Império Romano, de onde se espalhou pelo mundo. O judaísmo entende que os gentios têm um relacionamento completo com Deus através do acordo feito com Noé, não havendo portanto necessidade de eles se tornarem judeus. De resto, cada uma das principais religiões do mundo faz questão de disseminar sua mensagem o máximo possível. A missão do islamismo não é apenas converter pessoas, mas também estabelecer um estado islâmico mundial. Como acontece com o cristianismo, o mandato está em suas escrituras, o Alcorão, na forma de uma instrução dada por Alá: "Dize-lhes: A verdade emana do vosso Senhor; assim, pois, que creia quem desejar, e descreia quem quiser." (18:29). Mas a história mostra que a conversão nem sempre é uma questão de livre escolha.

FILÓSOFO EM CINCO MINUTOS

"Uma investigação da obrigação dos cristãos de usar meios para a conversão dos pagãos."

WILLIAM CAREY (1761-1834)

Uma "missão" é dada pela autoridade simbólica original de uma religião com base na suposição que seus ensinamentos representam o monopólio da verdade. Jesus alegou que ele era "o caminho, e a verdade e a vida" (João 14:6), mas sua próxima afirmação foi ainda mais exclusiva: "Ninguém vem ao Pai senão por mim." Alá fornece similar autoridade no islamismo, onde diz (17:105): "E o temos revelado (o Alcorão) em verdade e, em verdade, revelamo-lo." E o caminho islâmico é descrito como "a verdade elucidativa". (27:79). Os que se envolvem em trabalho missionário, seja oficialmente ou como voluntários leigos, devem partilhar da crença que eles representam algo inquestionável e único. Uma vez dada a missão, é difícil resistir à sua autoridade e ainda assim permanecer fiel.

Resumindo, as religiões convertem pessoas porque seus partidários acreditam na obrigação de fazê-lo. Do ponto de vista deles, todos os outros estão desencaminhados, e como o que está em risco são as almas eternas dos "pagãos", converter estes ignorantes para a "verdade" é um serviço de máxima importância que tem consequências eternas. Duas histórias servem para ilustrar o dilema do missionário. A primeira é contada pelo arcebispo Desmond Tutu (1931). Quando os missionários vieram para a África, "eles tinham a Bíblia, e nós, os nativos, tínhamos a terra. Eles diziam: 'Vamos orar', e nós fechávamos os olhos, obedientes. Quando abrimos, veja só, eles então tinham a terra, e nós tínhamos a Bíblia". A segunda é da escritora e ganhadora do prêmio Pulitzer Annie Dillard (1945): "Esquimó: 'Se não conhecesse Deus e o pecado, eu iria para o inferno?' Padre: 'Se você não souber, não vai'. Esquimó: 'Então por que você me contou?'"

Por que as pessoas viram fundamentalistas?

O fundamentalismo causou alguns dos conflitos mais amargos do mundo. Ele pode ser definido em termos religiosos e políticos, mas quando definido em termos religiosos a discussão quase sempre se transforma em política. Todas as religiões têm um "núcleo duro" fundamentalista. Nas formas mais radicais, eles se baseiam na crença de que suas escrituras — seja, por exemplo, a Bíblia ou o Alcorão — são sacrossantas, e a interpretação deve ser inflexivelmente literal. O fundamentalismo desenvolveu iniciativas evangelizadoras militantes em oposição ao secularismo e ao liberalismo, e tantos são os cristãos fundamentalistas nos Estados Unidos que tudo indica que eles serão o fiel da balança nas eleições presidenciais norte-americanas. Movimentos parecidos são encontrados no islamismo, que tem o objetivo mais ambicioso de criar um estado islâmico mundial, regido pela sharia. Hoje em dia, o fundamentalismo islâmico está amplamente identificado com a agenda política do terroris-

FILÓSOFO EM CINCO MINUTOS

mo no Oriente Médio, apesar do fato óbvio de que nem todos os fundamentalistas islâmicos são terroristas.

Em termos simples, o fundamentalismo dá às pessoas uma base de autoridade para suas crenças, seus comportamentos e valores, oferece um tipo de segurança que está além de questionamentos ou argumentações e fornece a *raison d'être* para buscar, apesar das críticas e oposições, a causa que defende. Em termos políticos isso não é difícil de entender: para quem defende apaixonadamente os seus ideais, do Nacional Socialismo nazista aos direitos civis norte-americanos, a energia motivadora tem sido uma filosofia bem definida e inequívoca. No reino da religião, as pessoas diferem muito em termos de necessidades e vão escolher sua orientação de acordo com seus pontos de vista. Psicologicamente, a segurança de um sistema autoritário de doutrina será atraente para os que exigem respostas e orientações precisas. O fundamentalismo religioso fornece um "porto seguro" no qual os crentes podem se abrigar. Os problemas surgem quando há a intenção de persuadir os outros a adotar suas crenças, pois, a essa altura, como diz Sarvepalli Radhakrishnan (1888-1975): "Não é Deus que é venerado, mas o grupo ou a autoridade que alega falar em Seu nome."

A crítica básica aos fundamentalistas é que eles parecem esquecer o cérebro em casa em nome da fé. "O fundamentalismo religioso está determinado a arruinar a educação científica de milhares de mentes jovens ávidas, inocentes e bem-intencionadas", diz Richard Dawkins (1941). Em termos de senso comum básico, contudo, o literalismo representa outro tipo de problema, como indicou a "herege feliz"

Judith Hayes: "O relato bíblico da Arca de Noé e o dilúvio é, talvez, a história mais implausível para os fundamentalistas defenderem. Onde, por exemplo, Noé encontrou pinguins e ursos polares para colocar na arca, em plena Palestina?"

O que é salvação?

Salvação implica que há algo de que precisamos ser salvos e, conforme definido pelas religiões bíblicas, é o pecado e suas consequências. Soteriologia é o estudo das doutrinas de salvação, e ao longo das várias religiões tanto a necessidade quanto os meios de libertação ou redenção assumem formas diferentes. Para as religiões orientais a palavra "libertação" é mais adequada que "salvação". Para os cristãos, salvação significa reparar a relação com Deus, fundamentalmente partida pelo pecado de Adão no Jardim do Éden. Por meio da fé qualquer pessoa pode se reconciliar com Deus, visto que "Deus estava em Cristo reconciliando Consigo o mundo, não lhes imputando os seus pecados" (2 Coríntios 5:19). O judaísmo se preocupa mais com a moralidade e a disposição para fazer o bem nesta vida do que com os mistérios da vida após a morte. Contudo, deve haver um *teshuva* — "afastamento" da injustiça —, um arrependimento como aquele feito no Yom Kippur, o dia do perdão. Dizem que os judeus andaram tão ocupados tentando sobreviver neste mundo que não tiveram tempo de se preocupar com o próximo. Talvez seja por isso que Moses Mendenssohn (1729-1786) diga que "o judaísmo não se gaba de ter nenhuma revelação exclusiva de verda-

FILÓSOFO EM CINCO MINUTOS

des eternas indispensáveis à salvação". De forma semelhante, para os muçulmanos não existe ênfase teológica na redenção. O sentido da vida é viver de modo que agrade Alá. "Deus prometeu aos fiéis que praticam o bem uma indulgência e uma magnífica recompensa." (Alcorão 5:9).

"Três coisas são necessárias para a salvação do homem: saber em que deve acreditar, saber o que deve desejar e saber o ele deve fazer."

São Tomás de Aquino (1225-1274)

As tradições orientais têm um conceito não de salvação, mas de libertação. Para as religiões bíblicas, a salvação envolve o julgamento, isto é, o destino final de uma pessoa é decidido no Dia do Juízo Final, quando tanto a fé quanto os atos são postos numa balança que pesa a retidão da vida de um indivíduo. O julgamento implica recompensa ou punição no contexto das mitologias de paraíso e inferno. O primeiro está definido na imagem do Éden; o último não possui um modelo, mas acredita-se que os domínios de Satanás ficam em algum lugar abaixo da Terra, assim como o paraíso está localizado nos céus. Já o nirvana, objetivo das religiões orientais, é uma ideia abstrata, um estado de união com o Absoluto, livre de todas as formas de sofrimento. Sua realização depende totalmente de como o indivíduo entende e desenvolve a lei cármica amoral da causa e efeito.

Apesar do programa de salvação cuidadosamente estabelecido por Deus, todas as religiões dão alguma importância à autoajuda. Buda orientou: "Trabalhe na sua própria salvação. Não dependa dos outros", um pensamento bem parecido, ainda que com algumas incongruências, com o do Novo Testamento: "Operai a vossa salvação com temor e tremor" (Filipenses 2:12). Nesta questão, James Baldwin (1924-1987) deve ter a última palavra: "Nunca haverá um momento no futuro em que resolveremos nossa salvação. O desafio está no presente; a hora é sempre agora."

O mal realmente existe?

A cultura ocidental entende o mal como parte de um dualismo inveterado que se opõe ao "bem". Essa polaridade é concebida em termos absolutos e, como tal, é representada por outras antíteses familiares: Deus e o Diabo, santo e pecador, luz e escuridão, espírito e carne. Poucas pessoas hoje em dia acreditam no Diabo ou Satanás reinando em seu domínio como um ser autônomo em constante batalha com Deus pelas nossas almas. Mas poucos podem duvidar de que mesmo sem tal personificação, a energia maligna que chamamos de "mal" é comum. O mal é considerado uma inclinação feita de modo consciente e premeditado para causar desgraça, sofrimento e danos a outras pessoas.

O fato de existir o mal não depende da existência de Deus ou do Diabo: ele funciona perfeitamente numa sociedade secularizada. O mal também não pode ser interpretado em termos absolutos ou universais, visto que como ele se define e se manifesta depende da moralidade dos diferentes períodos e culturas. O ato de queimar bruxas e hereges, antes tido como um serviço necessário a Deus, hoje em dia é considerado uma prática maligna. O mesmo vale para questões como escravidão, genocídio ou tortura. Em Isaías (45:7) Deus alega ser a causa da luz e das trevas (metáforas para o bem e o mal): "Eu faço a paz, e crio o mal; eu, o Senhor, faço todas estas coisas." E essa afirmação sempre representou um problema para os filósofos, impecavelmente resumido por Epicuro (341-270 a.C.): "Ou Deus quer abolir o mal e não pode; ou ele pode, mas não quer. Se ele quer, mas não pode, ele é impotente. Se ele pode, mas não quer, ele é mau. Se Deus pode abolir o mal e realmente quer fazê-lo, por que existe o mal no mundo?" Santo Agostinho (354-430) representou o mal como a ausência de Deus, Carl Jung (1875-1961) como "o lado sombrio de Deus", enquanto Martinho Lutero (1483-1546) parecia insinuar que uma quantidade módica de imperfeição poderia agir como vacina contra a ameaça de uma infecção maior: "Um pouco de mal é um bem positivo... para não dar a ele [o Diabo] a oportunidade de fazer alguém escrupuloso por nada."

Martin Buber (1878-1965) acreditava que a inclinação ou tendência do ser humano para fazer o bem ou mal implica que temos livre-arbítrio, e o que fazemos não é causado por nenhuma influência externa, e sim pela escolha consciente. Buber argumenta que "a natureza humana é paradoxal em virtude da liberdade do homem", e que uma pessoa "deve escolher e se esforçar para se tornar o que realmente é. Ela deve se relacionar com o mundo de modo que lhe permita atingir o seu potencial único". Essas qualidades de liberdade e responsabilidade são destacadas pelo budismo: "O mal é feito apenas através do eu. Só através do eu alguém é aviltado. A prática do mal é abandonada apenas através do eu; e só através do eu alguém é purificado. A pureza e a impureza pertencem ao eu. Nenhum homem pode purificar outro."

Podemos explicar os chamados "males naturais" — incêndio, terremoto, doença, fome, peste e por aí vai —, mas por que as pessoas infligem sofrimento às outras continua sendo um mistério insolúvel. As teorias da psicologia moderna sugerem que a crueldade é movida pela necessidade de controle e domínio, que existe em nós como um vestígio das crenças que levaram a sacrifícios humanos e animais, bem como do instinto de caçar e marcar território. A crueldade é movida por um anseio de poder, como Leon Tolstói (1828-1910) sugeriu: "Para ter poder e mantê-lo, é necessário amar o poder; mas o amor pelo poder não está conectado à bondade, e sim a qualidades que são o oposto dela, como orgulho, esperteza e crueldade."

Por que existe sofrimento?

Provavelmente a melhor resposta para essa pergunta é dizer que existe sofrimento porque as coisas são assim: ele faz parte da estrutura física de todas as formas de vida,

FILÓSOFO EM CINCO MINUTOS

embora sua compreensão mental e emocional seja diferente entre elas. O fato de sofrermos faz parte da luta pela sobrevivência. Para os animais, falta de abrigo ou comida, a predação e falta de oportunidade para se reproduzir definem o sofrimento. Nós, humanos, contudo, estamos sozinhos na capacidade de refletir sobre o sofrimento e de sofrer por antecipação. Nas palavras de Friedrich Nietzsche (1844-1900), "viver é sofrer, sobreviver é encontrar significado no sofrimento", e o mistério do sofrimento é composto exatamente por essa dúvida de ele ter significado ou não. Todo sofrimento tem uma causa, não só uma causa próxima, que pode ser doença e dor, amor não correspondido, ambição frustrada, incerteza econômica, medo, ansiedade e o conhecimento da nossa própria mortalidade, mas também uma causa última, visto que o sofrimento em si foi "causado" para existir. Na cultura ocidental, o vasto repertório de mitologias (por exemplo, o mito grego de Pandora) tentou explicar por que existe o sofrimento. O mito da desobediência de Eva no Jardim do Éden deu a explicação bíblica: a transgressão prejudicou a relação da humanidade com Deus a ponto de comprometer a intenção original idílica da criação. O sofrimento, por assim dizer, foi "deixado entrar". Não é para ser superado nesta vida, mas, se pudermos nos reconciliar com Deus, sua cessação significa a esperança da vida que está por vir.

GERALD BENEDICT

"Se eu tivesse uma fórmula para evitar os problemas, eu não a distribuiria. Problemas criam a capacidade para lidar com eles. Não defendo os problemas; isto é tão ruim quanto tratá-los como inimigos. Mas eu digo: encontre-os como se fossem amigos, pois você os verá muitas vezes, e é melhor ser capaz de falar com eles."

OLIVER WENDELL HOLMES (1841-1935)

O budismo tem provavelmente a resposta mais extensa ao enigma do sofrimento, que contém o cerne de suas crenças e práticas. As "Quatro Verdades Nobres" abordam 1) o fato do sofrimento, 2) a origem do sofrimento, 3) a eliminação do sofrimento e 4) o Caminho que leva à eliminação do sofrimento, conhecido como o Nobre Caminho Óctuplo, que consiste no entendimento correto, pensamento correto, linguagem correta, ação correta, modo de vida correto, esforço correto, atenção plena correta e concentração correta. As Verdades Nobres são penetradas pela aceitação de que o sofrimento existe, tem uma origem e pode ser eliminado cultivando o Caminho.

Teologias e filosofias à parte, a vida tem que ser vivida e, para muitos, ela é vivida num mundo que se absteve do princípio de Deus em favor de um humanismo racional. Neste mundo o sofrimento é apenas um fato da vida, e a única resposta positiva é olhá-lo nos olhos e aceitá-lo. "Do sofrimento emergiram as almas mais fortes; os personagens mais sólidos são marcados pelas cicatrizes", escreveu Kahlil Gibran (1883-1931). A aceitação é uma atitude corajosa, objetiva e com alto poder de cura. A psicóloga e jornalista política Lesley Hazleton (1945) escreveu que "o sofrimento, uma vez aceito, perde sua força, pois o terror causado por ele diminui, e o que permanece costuma ser muito mais gerenciável do que imaginávamos".

7
Crença

"Os seres humanos são mais assustadores
quando estão convencidos acima de qualquer
dúvida de que estão certos."

Laurens Van Der Post (1906-1996)

"O homem é um animal crédulo e deve acreditar
em algo; na ausência de uma boa base para a
crença, ele ficará satisfeito com a má."

Bertrand Russell (1872-1970)

O que é fé?

"Fé, s. Crença sem provas no que é dito por alguém que fala sem conhecimento de coisas sem paralelo."

AMBROSE BIERCE (1842-1914)

Podemos acrescentar a definição de São Paulo à de Bierce: "A fé é o firme fundamento das coisas que se esperam, e a prova das coisas que não se veem." Mas a fé não é autônoma. São Tiago diz que ela deve ter uma expressão prática na vida, visto que "a fé sem as obras é morta", e nem está tão distante assim da dúvida. William James (1842-1910) chegou ao ponto de dizer que "a fé significa a crença em algo sobre o qual a dúvida é teoricamente possível". Quando Jesus garantiu ao pai do garoto possuído pelo demônio que "tudo é possível ao que crê", o homem respondeu, confuso: "Eu creio, Senhor! Ajuda a minha incredulidade." (Marcos 9:23-24). O filósofo alemão Paul Tillich (1886-1965) sugere que ter dúvida não necessariamente questiona a fé, visto que levamos a fé para as nossas dúvidas: "a fé abraça a si mesma e a dúvida". Mas é essa tensão entre fé e dúvida que muitos de nós vivemos, não importa se a questão é a fé em si mesmo, nos outros, no Divino ou numa mistura de todos eles. A fé e a dúvida precisam uma da outra, não podem existir de modo independente. Como a fé não é certeza, as dúvidas são inevitáveis. A dúvida é apenas uma forma de reconhecer que não entendemos tudo: é a nossa luta com o racional. Como afirmou Mahatma Gandhi (1869-1948), "a fé deve ser reforçada pela razão. Quando a fé é cega, ela morre".

Na religião ocidental, que tende ao dualismo, a fé se opõe à razão, cujo apelo é o humanismo racional em vez da espiritualidade irracional. Apesar dos credos, teologias e filosofias não existem padrões ou mapas precisos que indiquem "o caminho" sem ambiguidades. O poeta W. H. Auden (1907-1973) sugeriu que "a relação de fé entre sujeito e objeto é única em cada caso. Centenas podem acreditar, mas cada um tem que acreditar por si". Para os budistas, a fé é um dos sete tesouros (*dhanas*), uma faculdade e poder espiritual, além de ser um dos quatro "fluxos de mérito". Fé é ter confiança em Buda como um professor que despertou sozinho e no que ele ensinou sobre realização espiritual. Mas a fé em si não basta, ela deve ter base racional, por isso Buda desafia seus seguidores a verificar se o que ele ensina é válido. No budismo existe uma sensação de que a fé é o Caminho, não o fim; e quando seguimos o Caminho, a fé é substituída pelo conhecimento. Ele observou que "se você acredita no Caminho, tal Caminho de fé é a raiz da fé".

Em resumo, a fé é a confiança ou crença numa pessoa ou ideia. A fé numa realidade transcendental do tipo definido pelas filosofias religiosas do mundo é irracional e baseada em suposições que não podem ser provadas empiricamente. Como definiu São Tomás de Aquino (1225-1274): "Para quem tem fé, nenhuma explicação é necessária. Para quem não tem fé, nenhuma explicação é possível."

FILÓSOFO EM CINCO MINUTOS

Podemos ter fé sem ter religião?

Diz-se que a religião *é* aquilo em que a pessoa tem fé. Tal afirmação pode se basear no teísmo, ateísmo ou agnosticismo, e pode assumir a forma de sistema teológico, filosofia política e lei estética ou moral. Exercemos a fé o tempo todo, pois depositamos nossa confiança em médicos e nos remédios que receitam, em condutores de ônibus e trens, em nossa família e amigos e também nos vários serviços e nas comodidades que precisamos usar diariamente. Tal fé não é irracional, visto que a confiança depositada se baseia na experiência que já temos do objeto de nossa fé. Embora não possamos ter certeza de que um médico ou motorista de ônibus não vá cometer um erro, que nossos relacionamentos não irão a pique ou que o carro vá ligar, nós descobrimos que essas dependências são relativamente válidas ao ponto de termos confiança nelas. Contudo, tal fé nunca pode ser absoluta.

A função da fé é tradicionalmente definida pela religião como uma atitude ou disposição que dá apoio a nossa crença em Deus e nas ideias desenvolvidas por seus representantes. Numa sociedade secularizada, contudo, é crucial que a fé seja liberada do monopólio que a religião alega ter sobre ela e das doutrinas e teologias que sempre a confinaram. Podemos ter fé sem religião, mas não podemos ter espiritualidade sem fé. John Dewey (1859-1952) fez questão de dizer que "as qualidades e os valores religiosos, se forem verdadeiros, não estão associados a nenhum item de aprovação intelectual, nem mesmo à existência de Deus ou te-

ísmo". O problema sempre foi que na cultura ocidental a fé
é convencionalmente aplicada a verdades sacrossantas que
definem os termos e o contexto daquilo em que se acredita.
O secularismo ajudou a aparar essas arestas e possibilitou,
por exemplo, a existência de um judaísmo ou cristianismo
sem religião, isto é, retirar as camadas de história, mitos e
teologias acumuladas de modo a revelar o núcleo espiritual
da religião em questão. O filósofo e poeta Walter Kaufmann
(1921-1980) observou que "existem muitas crenças religiosas ótimas que não contêm referências visíveis a Deus, incluindo afirmações, histórias, generalizações e proposições
especulativas, e podemos acrescentar que existem religiões
inteiras sem nenhum deus".

Se começarmos a nos perguntar a esta altura se um humanista secular pode ser espiritual, a resposta é: sem dúvida, sim. Existem tendências no naturalismo, por exemplo,
que defendem essa possibilidade, sendo o naturalismo uma
filosofia que alega que tudo o que temos é a natureza e que
todas as verdades básicas são verdades da natureza. Certas
respostas à vida que misturam espanto, alumbramento e
serenidade num misto de emocional e estética se juntan-
do para construir uma forma de espiritualidade através da
qual o espírito humano busca o transcendente de modo
instintivo. Tal fé pode não ter religião, mas isso pode significar ter fé num universo que não tem sentido, onde as leis
da física que explicam a existência não têm outro objetivo
além de sustentá-lo. De modo bastante literal, o universo
é uma lei em si, e não tem nenhum motivo para existir. Se
aceitarmos este ponto de vista, consequentemente o único

FILÓSOFO EM CINCO MINUTOS

sentido da vida é entender isso e a natureza do nosso lugar dentro dele. Tal orientação exige fé da mesma forma que um compromisso religioso, mas a fé sem religião implica uma mente aberta radical e liberdade de qualquer tradição estabelecida. Como Thich Nhat Hanh (1926) aconselhou, não devemos "idolatrar ou estar ligados a nenhuma doutrina, teoria ou ideologia nem mesmo budistas, pois mesmo os sistemas de pensamento budistas são guias, e não verdades absolutas".

Algum dia nós poderemos ter certeza da existência de Deus?

Nas religiões convencionais, a crença na existência de Deus é uma questão de fé, e em todas as religiões ter fé *em* significa ter relacionamento *com*. Se a crença de uma pessoa em Deus não se baseia na experiência de um relacionamento com Ele, ela é dependente da autoridade da religião em si, isto é, no que está escrito ou é dito. Uma pessoa pode acreditar nos dogmas de uma religião, mas a fé estará na autoridade de sua tradição. Não importa como uma relação com Deus é concebida, a certeza na existência Dele não está sujeita a dúvidas. Como já vimos, a fé e a dúvida são as duas faces da crença e devem existir juntas. Voltaire (1694-1778) entendeu o paradoxo: "Dúvida não é uma condição agradável, mas a certeza é absurda." Em qualquer evento, a fé na existência de Deus, independente da profundidade ou intensidade da experiência religiosa, continua subjetiva.

Apesar disso, a literatura religiosa contém várias tentativas de provar a existência de Deus através de demonstrações. O faraó foi incapaz de negar a realidade do Deus dos escravos hebreus diante das dez "pragas" que Ele infligiu aos egípcios (Êxodo 7:1-12): "Então os egípcios saberão que eu sou o Senhor." Muitos foram convencidos da existência de Deus pelos milagres de cura feitos por Jesus de Nazaré. Mas essas provas demonstrativas parecem estar confinadas aos períodos representados nas escrituras, embora alguns acreditem que a "era dos milagres" não está morta. Damian Stayne, da comunidade católica Coração e Luz de Cristo, é um curandeiro contemporâneo e acredita que Deus opera milagres de cura por meio dele: "Eu comandei aos cânceres para desaparecerem em nome de Jesus. Dois minutos após a prece, não havia câncer na boca deste homem." O cristianismo também abordou a aparição ocasional de estigmatizados, a imitação visível das lesões infligidas a Jesus, manifestadas na forma de sangramentos nas mãos e nos pés de um crente. Esses milagres, oferecidos como "prova" da existência de Deus, são interrupções ou contradições da lei natural, mas esta de certa forma é a definição de milagre.

"Um Deus que nos deixasse provar sua existência seria um ídolo."

DIETRICH BONHOEFFER (1906-1945)

As religiões orientais partem de uma premissa diferente ao não impor a existência de um Deus criador. Todas as formas de arte hindu e budista refletem o politeísmo (existência de muitos deuses), mas essas representações são entendidas como vários aspectos do ser Último e totalmente abstrato. Até as encarnações de Deus ou do Absoluto, a forma mais completa de manifestação divina, não são provas em si.

Os ateus alegam ter certeza de que Deus *não* existe apenas por não haver evidências empíricas para afirmar que Ele existe. Mas pode-se argumentar que a negação da existência de Deus também é um ato de fé. A maioria dos compromissos religiosos se dá nessa tensão entre fé e dúvida, e o monge Nyanaponika Thera (1901-1994), do budismo theravada cingalês, alertou que qualquer tendência a ter certeza em questões de fé "exige escrutínio detalhado. Tal escrutínio revelará que na maioria dos casos a ideia de Deus é apenas a projeção do próprio ideal, geralmente, nobre, do devoto bem como de seu desejo fervoroso e necessidade profunda de acreditar".

O que é a prece?

Dizem que a prece é apenas uma questão de "pensar e agradecer", mas nem sempre funciona assim. Geralmente, devido a suas formas estabelecidas poucos pensamentos são trazidos para a oração: ela é oferecida mais com a boca do que com o coração e a mente. Mas pensar, como reflexão e contemplação, pode ser a prece em si, uma disposição da mente em direção a Deus na esperança de estar ao menos por um breve momento no que Ralph Trine (1866-1958) chamou de "em sintonia com o infinito". Tradicionalmente, predominam duas formas de prece: o louvor e a intercessão. O louvor é uma expressão de gratidão, alumbramento e adoração; enquanto a intercessão consiste em pedir a Deus determinados resultados, qualificados pela coda "Seja feita a tua vontade". Boa parte das intercessões consiste em pedidos de apoio e força, e, embora digam que a prece opera mudanças, quem pode ser mais modificado é o suplicante.

A prece nas religiões bíblicas é feita na forma de modo de tratamento, por exemplo, no Pai Nosso: "Pai Nosso, que estais no céu..." O enigma está em saber se esse tratamento é unidirecional. Nós falamos, Deus ouve, mas Ele responde? Madre Teresa (1910-1997) diz: "Deus fala no silêncio do coração. Ouvir é o começo da prece." Parece haver uma vasta diferença entre as formas congregacionais de oração e este tipo de prática pessoal e interna, na qual pode ser possível ouvir "a voz ainda pequena".

"Orar não é pedir. É um anseio da alma. É a admissão diária das fraquezas de uma pessoa. Na prece, é melhor ter um coração sem palavras do que palavras sem coração."

MAHATMA GANDHI (1869-1948)

Ter uma prece atendida, talvez em termos de passar numa prova, fechar uma transação de negócios bem-sucedida ou superar uma doença, parece ser da ordem do milagre. Deus, de alguma forma, ouve a prece, analisa e influencia os eventos de modo a atendê-la. A prece tem de permitir um "não" como resposta, mas seja lá qual for a resposta de Deus, os processos envolvidos exigem um ajuste das leis naturais. O romancista russo Ivan Turgenev (1818-1883) fez uma análise semelhante: "Não importa o motivo da oração, o homem sempre reza por um milagre. Cada prece se reduz a isto: 'Grande Deus, faça com que dois vezes dois não seja quatro.'" No entanto, a maior parte das preces é feita no espírito de "Peça e serás atendido". Fomos "educados" a rezar para fazer solicitações, um tipo conhecido como prece suplicante (ou intercessória), e esperar respostas práticas em contrapartida. Mas as preces nem sempre são atendidas direta ou claramente, e este é um dos problemas com a oração intercessória. Parece haver apenas uma certeza: não importa o que pedimos nas preces, não podemos apenas ficar sentados e esperar que algo aconteça, pois a oração convida à reciprocidade. Santo Agostinho aconselhou: "Ore como se tudo dependesse de Deus. Trabalhe como se tudo dependesse de você."

São Francisco de Assis (1181-1226) argumentou que: "Quando nós oramos a Deus, não devemos pedir nada, nada..." De acordo com Buda, "a maior prece é a paciência". Para os budistas, como não existe Deus no sentido bíblico, a oração é uma abertura na direção da verdade, um desdobramento da mente. "A prece budista é uma forma de meditação", diz G. R. Lewis, um budista shin. "É uma prática de recondicionamento interno... substituir o negativo pelo virtuoso e nos mostrar as bênçãos da vida."

O que os místicos vivenciam?

É comumente aceito que a aspiração de todas as religiões se realiza na experiência mística. De forma bem simples, o misticismo é uma experiência consciente, ainda que intuitiva, de união com o Divino, o Absoluto, a Natureza, seja lá qual for o termo mais significativo para a pessoa em questão. O misticismo é uma dinâmica, uma energia aplicada por alguém que usualmente se retirou das preocupações da vida diária a fim de direcionar essa energia para a contemplação profunda e solitária, ou para a meditação. W. B. Yeats (1865-1939) escreveu que "o misticismo foi e provavelmente sempre será uma das grandes forças do mundo, e é pouco inteligente fingir o contrário". A experiência de um místico deriva de uma purificação das crenças de todas as religiões e suas formulações doutrinárias e teológicas. É a experiência da essência extraída de todas as verdades.

A linha comum na experiência mística é a união com o Divino. O sufi persa Abu Yazid (804-874) descreveu sua experiência da seguinte forma: "Descartei meu 'eu' do mesmo modo que uma cobra descarta sua pele, e olhei para minha essência ou 'eu', e veja só, eu era Ele." O autor do

FILÓSOFO EM CINCO MINUTOS

Bhagavad Gita admite o mistério da união: "Ó, Krishna, o silêncio da união divina que tu descreves está além da minha compreensão." São João da Cruz (1542-1591) confirma o medo e até a agonia que tal união confere, pois ela "chega como um ataque violento à alma para subjugá-la; a alma se angustia em sua fraqueza". O místico alemão Henry Suso (1300-1366) também declara que o encontro místico pode ser desafiador: "Nesta montanha inconcebível do supradivino... de tal forma íngreme que faz de todos os espíritos puros perceptíveis... a alma entra num anonimato secreto, uma alienação maravilhosa... o espírito perece lá para ganhar vida nas maravilhas da cabeça de Deus."

Esses relatos são de um misticismo supremo, mas as experiências não precisam ser tão elevadas: à maioria de nós são concedidos meros vislumbres, geralmente não tendo nenhuma conexão com religiões estabelecidas. Já abordamos aqui o conceito de "numinoso", aquela sensação de existência do outro que pode ou não ser teísta. A experiência do poeta William Wordsworth, na qual ele sentiu "uma presença que me perturba com a alegria de pensamentos elevados", era uma forma de panteísmo que influenciou e estimulou o que pode ser chamado de misticismo naturalista. A experiência mística também não depende da solidão, podendo acontecer em qualquer lugar, até no andar superior de um ônibus londrino, onde o escritor C. S. Lewis (1898-1963) foi "surpreendido pela alegria". Seja num grande local de adoração ou monastério, numa caverna ou clareira no meio da floresta, ou na correria insípida do dia a dia, o sobrevivente do Holocausto Elie Wiesel (1928) diz que o misticismo "significa a forma de obter conhecimento. Está próximo da filosofia, exceto que na filosofia você vai pela horizontal, enquanto no misticismo você vai pela vertical". Há algo excitante em cultivar tal conhecimento porque, como disse Albert Einstein (1879-1955), "saber que o que é impenetrável para nós realmente existe... este conhecimento, esta sensação está no centro da verdadeira religiosidade".

O que é iluminação?

Além de descrever uma sensação mental de "cair a ficha", o termo "iluminação" não é usado nas tradições religiosas ocidentais para definir a experiência espiritual suprema. Em nossa cultura, o Iluminismo dos séculos XVII e XVIII voltou-se para a razão a fim de investigar todas as formas de conhecimento que anteriormente estavam sob o domínio da metafísica e da filosofia especulativa. Mas ter os olhos abertos pela força da razão, ver a verdade em termos do que for apresentado ao indivíduo está bem longe do que significa "iluminação" para as religiões orientais. No Ocidente, a verdade é uma tradição recebida e propagada pela revelação num contexto religioso. No Oriente, a verdade é algo a ser buscado pessoalmente e acessado por meio da realização. A realização acontece dentro da mente e é validada pela experiência. Tenzin Gyatso, o Dalai Lama (1935) aconselha que "tudo o que contradiga a experiência e a lógica deve ser abandonado. A autoridade final deve sempre estar na própria razão e análise crítica do indivíduo".

FILÓSOFO EM CINCO MINUTOS

"Conhecer os outros é sabedoria; conhecer a si mesmo é a iluminação."

LAO TZÉ (570-490 A.C.)

Para hindus e budistas, a iluminação é um estado refinado de consciência pessoal no qual é possível transcender o desejo e o sofrimento, que são os obstáculos para atingir o nirvana. Tal estado mental é tão sutil que Dogen Zenji (1200-1253) avisa: "Não pense que você necessariamente estará ciente da própria iluminação." No que diz respeito à reencarnação, que será discutida a seguir, estamos presos num ciclo de nascimento-morte-renascimento e é preciso quebrar esse ciclo para alcançar o nirvana. A iluminação é o meio para conseguir isso. Estar iluminado é ser liberado do *samsara*, o "fluxo contínuo" da vida no sentido mundano de casa, posses, família etc. O Bodhidharma (século V-VI) enfatiza que "enquanto você estiver sujeito ao nascimento e à morte, jamais atingirá a iluminação".

O principal meio de atingir a iluminação é a meditação, uma prática que tem várias formas. Pode ser buscada individualmente ou em grupos, e pode ser ritualisticamente formal ou totalmente livre de qualquer estrutura. Não importa a forma seguida, o praticante se empenhará em levar a mente para um estado de imobilidade, interromper os pensamentos e eliminar a conceituação. Tal prática ocasiona a iluminação através do pensamento certo, que por sua vez nos permite ir além do sofrimento e do desejo. Não cabe aqui falar mais sobre a prática da meditação, além de indicar que a mente é de suprema importância para a iluminação: é a única ferramenta que temos para fazer este trabalho. Buda não poderia ter sido mais claro em relação a isso: "Tudo o que somos é resultado do que pensamos. A mente é tudo. Nós nos tornamos o que pensamos."

Embora a prática da meditação seja básica para se liberar do *samsara* e atingir o nirvana, ela não pode ser isolada da vida que temos no mundo, e nós não devemos ficar excessivamente ansiosos nesta busca. O Dalai Lama (1935) recomenda ter paciência: "Eu mesmo me sinto assim e também digo a outros budistas que a questão do nirvana virá depois. Não há muita pressa. Se no dia a dia você levar uma vida boa, honesta, com amor, compaixão e menos egoísmo, então isso levará automaticamente ao nirvana."

O que acontece quando reencarnamos?

A reencarnação é um dos conceitos religiosos mais extraordinários e potencialmente significativos. Sócrates (469-399 a.C.) disse: "Tenho confiança de que realmente existe tal coisa de viver novamente, que os vivos se originam dos mortos e que as almas dos mortos estão na existência." O conceito não é fundamental para o judaísmo, mas existe no misticismo da cabala como metempsicose ou "ciclo da alma", e no hassidismo de Baal Shem Tov (1698-1760). Este conceito é rejeitado pelo cristianismo em favor da ressurreição, mas aparece em alguns textos gnósticos como o

Pistis Sophia, no qual o Jesus ressurreto diz que "almas são despejadas de um para outro nos diferentes tipos de corpos do mundo". O Alcorão também defende essa crença: "Deus gera os seres e os manda de volta repetidamente, até que eles retornem para Ele."

"Eu morri como um mineral e tornei-me uma planta. Eu morri como uma planta e tornei-me um animal. Eu morri como animal e tornei-me um homem. Por que deveria ter medo? Quando fui menos por morrer?"

RUMI (1207-1273)

• •

A reencarnação é mais desenvolvida nas religiões orientais, sendo um de seus dogmas centrais. O *Bhagavad Gita* confirma isso: "Enquanto a alma encarnada passa continuamente neste corpo, da infância à juventude e logo à velhice, da mesma maneira a alma passa a outro corpo no momento da morte. Uma pessoa ponderada não fica confusa com tal mudança." O renascimento, como a reencarnação costuma ser chamada com frequência, é bem discutido nas escrituras budistas e geralmente associado ao karma de um indivíduo. O que fazemos e o jeito como vivemos determinam a "qualidade" ou natureza do nosso renascimento. No *Majjhima Nikaya*, o Buda trava um diálogo com Ananda, um de seus discípulos, que estava fazendo perguntas sobre o renascimento. Para falar sobre o karma, Buda usa como exemplo o caso extremo da "pessoa que [ou] matou seres vivos aqui" ou "se absteve de matar seres vivos aqui... ela vai sentir o resultado disto aqui e agora ou em seu próximo renascimento, ou ainda em alguma existência subsequente".

O argumento principal para o renascimento é o conceito da continuidade da mente, isto é, o momento presente da consciência depende do momento anterior da consciência, o mesmo valendo para o momento futuro. Dalai Lama usa o mundo físico como analogia: "todos os elementos do nosso universo presente... podem ser reconstituídos a uma origem, um ponto inicial... Então a mente ou a consciência, também chega ao ser como resultado de seus instantes anteriores". O Lama Govinda (1898-1985), monge alemão da tradição theravada que virou um dos principais intérpretes do budismo tibetano no Ocidente, alega que nosso conceito de reencarnação não deve estar confinado à teoria mecanicista da hereditariedade, que diz respeito apenas a características físicas, visto que o que é "passado adiante" também inclui um tipo de consciência, talento e memória: "Do contrário, como alguém poderia explicar que uma criança de apenas 4 anos possa dominar espontaneamente os detalhes intrincados de um instrumento musical complexo como a espineta, e as regras ainda mais complicadas e sutis da composição musical, sem ter sido ensinada ou treinada, como aconteceu no caso de Mozart?" A isso podemos acrescentar os registros dos que relembraram vidas passadas, por exemplo, pessoas com lembranças do Holocausto embora tenham nascido uma geração depois.

A reencarnação é uma hipótese cuja validade nós faríamos bem em provar através da prática, vivendo *como se* ela fosse verdade, de acordo com a sugestão de Nietzsche (1844-1900): "Vive de forma a que o teu maior desejo seja viver outra vez — esse é o teu dever —, pois quer queiras quer não, viverás novamente!"

É hedonismo encontrar satisfação espiritual na solidão?

Encontrar satisfação espiritual na solidão é provavelmente mais raro do que se imagina. Até nas tradições orientais que investem pesadamente na meditação, essa prática é desenvolvida dentro da *sangha*, ou comunidade. Alguns indivíduos podem se afastar por um tempo para fazer um retiro solitário num lugar que os separa da sociedade. Muitos seguidores sustentaram a solidão por longos períodos, em circunstâncias duras até. Por exemplo, o budista tibetano Milarepa (1052-1135) se dedicou à prática meditativa ininterrupta numa caverna do Himalaia por nove anos. Num de seus poemas ele escreveu: "Mantenha o estado de atenção, e as distrações desaparecerão. Insista em ficar sozinho e você encontrará um amigo." Tenzin Palmo, nascida no East End londrino em 1944 com o nome de Diane Perry, é uma freira budista que a partir de 1976 passou 12 anos numa caverna remota do Himalaia medindo três metros por um, sendo três desses anos em retiro meditativo rígido e ininterrupto. "Tudo parecia muito semelhante a um sonho", escreveu ela, "parecia quase impossível que eu realmente tivesse passado todo esse tempo em isolamento. Senti mais como se fossem três meses. É claro que quando alguém está sozinho por tanto tempo, a mente se torna extremamente clara." Na tradição ocidental, a solidão é praticada formalmente nas ordens monásticas mais rígidas. Os cartusianos, por exemplo, são descritos como uma comunidade silenciosa de eremitas que passam a maior parte do dia sozinhos, fazendo orações e meditando em suas celas individuais, saindo apenas três vezes ao dia para as preces comunais na capela. Uma vez por semana eles podem fazer um passeio pelo campo, durante o qual têm permissão para conversar entre si.

Se o fato de usar a solidão para desenvolver a vida espiritual é hedonismo ou não depende de como é utilizada. A solidão implica renúncia. Ordens enclausuradas e silenciosas, como os cartusianos, que renunciaram ao mundo retirando-se dele, acreditam que servem a Deus dedicando a vida à oração. O princípio é verdadeiro para todas as ordens monásticas reclusas e é a justificativa usualmente dada para a vida em reclusão. Nós podemos apenas supor que eles acreditam totalmente na eficácia da prece como ferramenta de compaixão prática. Às vezes, contudo, uma pessoa é "chamada" à solidão apenas para poder ser chamada de volta ao mundo. Tenzin Palmo admitiu que "planejara ficar na minha caverna, mas a vida tem um jeito de lhe servir o que você precisa em vez do que você quer". Buda, tendo renunciado à vida privilegiada, embarcou numa busca solitária pela iluminação virando um eremita de asceticismo rigoroso. Após ter alcançado a iluminação, ele voltou à sociedade para virar professor e fundador do budismo.

A maioria de nós pode esperar ter apenas períodos ocasionais de solidão verdadeira, e, se forem internamente renovadores, então não são hedonistas. A escritora e editora norte-americana Susan L. Taylor (1946) disse que "precisamos de tempo em silêncio para examinar nossas vidas de modo aberto e honesto... passar um tempo sozinho em silêncio dá a sua mente uma oportunidade de se renovar e criar ordem". Devido à forma de funcionamento da consciência, a maioria das pessoas se sente o centro do mundo e vive de acordo com essa sensação, supondo que seus próprios horizontes correspondem aos do mundo. Existem poucos que, após procurar um período de solidão e usá-lo positivamente, sairão de sua "caverna" sem descobrir que seus horizontes foram expandidos.

O agnosticismo é válido?

O agnosticismo, do grego *a-gnosis*, significa "sem conhecimento". Não é necessariamente uma indicação de dúvida, mas o reconhecimento de ter um conhecimento menos que completo. Ele permite uma certa abertura mental, a possibilidade de o agnóstico poder mudar do conhecimento incerto para o certo. A palavra foi apresentada por T. H. Huxley (1825-1895) em 1876, quando falava numa reunião da Sociedade Metafísica. A filosofia dele rejeitava o místico e o espiritual como categorias de conhecimento válidas, e Huxley usou o termo para descrever sua posição. O agnosticismo não necessariamente implica ateísmo, mas um ateu certamente alegaria ser agnóstico. O termo foi usado por outras disciplinas, como psicologia e filosofia, para significar "não cognoscível" de acordo com o estado atual do conhecimento, uma posição que pode mudar se novas "evidências" ou dados vierem à luz. O agnosticismo também pode ser parcial ou vacilante, como no caso de afirmações precedidas por "eu acredito".

"O Imperador Wu de Liang perguntou ao grande mestre Bodhidharma: 'Qual é o mais alto sentido das verdades sagradas?' Bodhidharma respondeu: 'Vazio, com santidade.' O Imperador disse: 'Quem está diante de mim?' Bodhidharma respondeu: 'Eu não sei.'"

REGISTROS DO PRECIPÍCIO AZUL (CERCA DE 1300)

O agnosticismo é o desafio da filosofia à metafísica e ao fideísmo e, como tal, tem uma história que começa muito antes de Huxley ter definido a palavra. Suas origens estão no ceticismo pré-socrático e nos filósofos da Academia Helenística. Certificar a validade do que sabemos (um tema já discutido aqui) é uma grande investigação que é feita ao longo da história da filosofia, examinando como nós adquirimos conhecimento e os meios pelos quais podemos validá-lo. Em seu sentido mais amplo, o agnosticismo não

FILÓSOFO EM CINCO MINUTOS

é incompatível com o compromisso religioso profundo. Temos visto como a fé e a dúvida coexistem, e a maioria das pessoas religiosas entenderia o apelo do pai do garoto possuído pelo demônio quando ele o levou para Jesus (Marcos 9:24): "Eu creio, Senhor! ajuda a minha incredulidade." O filósofo alemão Nicolau de Cusa (1401-1464), mesmo sendo cardeal e vigário geral de Roma, representava um agnosticismo cristão. Um dos princípios de seu pensamento era a "ignorância aprendida", que ele acreditava ser o mais próximo que a mente humana poderia chegar de conhecer a verdade. Judaísmo agnóstico é o título de um grupo que, mesmo se identificando como judeu, não pratica o judaísmo rabínico. Ao propor um budismo agnóstico, Stephen Batchelor (1953) escreveu: "Um agnosticismo profundo seria fundado neste tipo de *desconhecimento*: o reconhecimento de que, em termos do que a vida realmente é, eu realmente não sei."

O agnosticismo às vezes está relacionado ao que se chama de "ceticismo saudável", atitude de dúvida em relação ao conhecimento em geral ou a uma ideia em particular. É um tipo de suspensão de juízo, uma posição do tipo "espere para ver" que sustenta uma mente "saudavelmente" aberta até que uma ideia ou fato possa ser validado ou refutado. O agnosticismo é um lugar excitante para estar, pois sugere que a vida religiosa é uma jornada de descoberta, em vez de um conjunto fixo de ideias e disciplinas. Contudo, aquilo que encontrarmos raramente é o que acreditamos estar procurando.

GERALD BENEDICT

O ateísmo é a coragem de não acreditar?

É preciso coragem para ser ateu, mesmo que esta seja a única posição racional a adotar. Muitos parecem ficar presos no dilema de Voltaire (1694-1778): "Acreditar em Deus é impossível, não acreditar Nele é absurdo." Já se disse que um ateu tem tanta fé quanto um crente. A descrença confia na falta de provas empíricas e desloca a crença para o incontestável porém subjetivo campo da experiência pessoal. Podemos entender o anônimo que confessou: "Tentei o ateísmo por um tempo, mas minha fé não era forte o bastante."

O agnóstico às vezes é considerado "em cima do muro", alguém que não consegue se decidir. "Não seja agnóstico, seja algo", implorava o poeta norte-americano Robert Frost (1874-1963). Um ateu é claramente e de modo não ambíguo "algo", mas mais do que "algo" o ateu tem uma mensagem que vem com um credo e uma nova missão. Os ateus ganharam coragem para espalhar seu Evangelho, suas próprias "boas novas", e nessa busca alguns são tão evangélicos quanto qualquer cristão ou muçulmano fundamentalista. Fica implícito que todos precisam ser convertidos ao ateísmo, desde as crianças em idade escolar até todas as instituições e funções do Estado. Parece que exigimos um batismo por imersão total na água fria e limpa da razão. E o poeta W. E. Henley (1849-1903) em seu *Invictus* forneceu a esse "admirável mundo novo" do ateísmo o seu hino:

Não importa o quão estreita é a entrada,
Ou quão plena de castigos a escritura,

Sou o dono da minha jornada:
Sou o capitão da minha alma.

É sabido que tal missão certamente exige coragem, e o caminho foi pisado antes pelos regimes que tentaram eliminar tanto a religião quanto seus seguidores. Aprendendo com a história, nós podemos antecipar o que o evangelismo ateu pode alcançar. As visões secular e religiosa não coexistiriam de modo mais criativo, o pluralismo das culturas religiosas seria erodido e, quando fosse enfim provado que Deus não existe e a metafísica não passa de um conto de fadas fantasioso que pode ser abandonado, pois "chegamos à maturidade", uma sensação contínua de falta, juntamente com a lógica da oferta e demanda, provaria que Voltaire afinal estava certo ao dizer que Deus, considerado ausente ou morto, teria que ser convidado de volta ou reinventado.

Ser ateu exige coragem. O escritor de sátiras políticas, roteirista e apresentador de TV norte-americano Stephen Colbert (1964) provavelmente tem razão: "O agnóstico não é apenas um ateu sem culhões?"

Podemos viver apenas de acordo com a razão?

Se fosse possível viver apenas de acordo com a razão, a vida seria entediante e sem alma. A razão é a faculdade da mente que coexiste com outras faculdades: as emoções, a imaginação, a intuição e o irracional, todos se combinando para permitir a vida no sentido mais completo possível.

Como o crítico e escritor Cyril Connolly definiu, "uma vida baseada na razão sempre exigirá o equilíbrio por meio de um episódio ocasional de emoção violenta e irracional, de modo a satisfazer os instintos tribais". A pergunta, contudo, indica não só que a razão é a mais importante de nossas faculdades como também que podemos pensar em trazê-la para as experiências que parecem questioná-la. A razão sugere que o irracional é inválido. Martinho Lutero (1483-1546) acreditava que a razão era inimiga da fé, e Benjamin Franklin (1706-1790) disse que "a forma de ver pela Fé é fechar o Olho da Razão".

Essa tensão entre a razão e a fé marca o tipo de dualismo que divide a cultura ocidental: "o abismo intransponível" entre o bem e o mal, espírito e carne etc., conforme já foi discutido neste livro. O problema surge quando esses diferentes modos de percepção invadem os territórios um do outro. É razoável fazer com que a razão se enquadre na fé? A razão ameaça os trabalhos da imaginação? Ela deveria, por exemplo, ser o princípio determinante na arte? É importante distinguir entre a razão como teste racional, empiricamente aplicado às coisas, e a razão como causa. Se alguém é, por exemplo, católico, judeu ortodoxo ou cientologista, pode ser devido à necessidade psicológica de autoridade e de uma estrutura claramente definida capaz de fornecer respostas. Esta pode ser a razão para o compromisso específico com uma religião, mas não a razão pela qual acreditar na infalibilidade do papa, na inviolabilidade da Lei ou na dianética de Ron Hubbard. A razão para tais crenças está além da razão.

FILÓSOFO EM CINCO MINUTOS

"A função suprema da razão é mostrar ao homem que algumas coisas estão além da razão."

BLAISE PASCAL (1623-1662)

Mahatma Gandhi (1869-1948), em vez de ver um conflito entre razão e fé, acreditava que a razão deve ser posta a serviço da fé: "Todas as fórmulas de todas as religiões têm nesta era da razão que se submeter ao teste ácido da razão e da justiça universal, se querem obter aprovação universal." Gandhi sugere que, para ser vista como faculdade válida, a fé em nosso mundo pós-moderno também deve ser capaz de ser entendida como faculdade da mente, algo que não pode estar confinado a uma só categoria, tal como a razão, intuição e imaginação, visto que se inspira em todas essas faculdades. C. S. Lewis (1898-1963) escreveu que "a razão é a ordem natural da verdade, mas a imaginação é o órgão do significado". A fé também é um "órgão do significado", e, assim como a imaginação, em sua expressão mais completa nunca está sozinha, mas sempre de mãos dadas com a verdade que a razão ordenou.

A intuição pode substituir a lógica?

Mesmo se fosse possível, provavelmente não há necessidade de a intuição substituir a lógica. Assim como acontece com a fé e a razão, a lógica e a intuição contribuem para a compreensão da verdade. A lógica é um modo

GERALD BENEDICT

ou sistema de raciocínio que depende das definições precisas dos axiomas. Na filosofia, é o estudo da estrutura e dos princípios do raciocínio em si e da validade do argumento, garantindo que cada etapa do progresso do pensamento seja válida. No uso popular, lógica é o raciocínio claro, o ato de chegar a conclusões racionais e não ambíguas, seja em pensamento ou debate.

Carl Jung (1875-1961) descreveu a intuição como a "percepção via inconsciente". É uma forma de chegar à verdade de algo que contorna a observação, a análise ou a argumentação justificada. Contudo, como qualquer outra faculdade, a intuição precisa se basear em algo, e tanto a observação quanto a razão têm papel nisso, assim como a experiência acumulada que o pensador intuitivo usa inconscientemente. Já foi chamada de "sexto sentido", "pressentimento" e "radar psíquico", mas não é uma pseudociência, chegando a ser definida assim por Immanuel Kant (1724-1804): "a intuição pura é a única faculdade cognitiva básica, um tipo de percepção."

O filósofo Henri Bergson (1859-1941) disse que o relativo é entendido pela análise, o absoluto pela intuição, e que, por essa razão, a intuição é o melhor método para compreender a metafísica. Ele a definiu como "uma experiência simples e indivisível de empatia através da qual uma pessoa é levada ao interior de um objeto para entender o que é único e inefável nele". O entendimento de Bergson sobre a intuição se mostra bem parecido com o conceito zen-budista de percepção imediata ou intuitiva. "O entendimento", diz Thich Nhat Hanh (1926), "é a percepção direta e imediata, uma intuição em vez do ápice do raciocínio".

Para os psicólogos, a lógica e a intuição representam a mente ou cérebro dual. A lógica está associada ao lado esquerdo do cérebro e ao pensamento racional, e a intuição, ao lado direito do cérebro e às emoções, aos sentimentos e similares. Para a maioria de nós, as duas trabalham juntas de modo a fornecer diferentes possibilidades, mas às vezes um lado do cérebro domina o nosso envolvimento com o mundo. É pouco provável que a lógica leve a uma conclusão falsa, a menos que seja mal aplicada ou deliberadamente forçada, mas é possível ter uma intuição que pode estar errada. Na melhor das hipóteses, as duas trabalharão juntas complementando e monitorando-se mutuamente, de preferência em equilíbrio. Fritjof Capra (1939) diz o seguinte sobre esta natureza complementar: "O fato de a física moderna, a manifestação de uma extrema especialização da mente racional, estar agora estabelecendo contato com o misticismo... uma extrema especialização da mente intuitiva, mostra de uma bela forma a unidade e a natureza complementar dos modos racional e intuitivo de consciência, do *yang* e do *yin*."

Tal equilíbrio foi lindamente ilustrado no batismo de uma montanha na Ilha Livingstone, situada nas Ilhas Shetland do Sul, Antártida. O Pico da Intuição tem este nome em homenagem à contribuição da intuição para o desenvolvimento da ciência e do conhecimento em geral.

A nossa crença realmente importa?

A liberdade de acreditar no que quisermos deu origem a uma gama tão ilimitada de sistemas e filosofias religiosas e seculares que existe a sensação de estarmos perdidos no meio de tantas escolhas, o que gerou a tendência de viver com uma atitude de "qualquer coisa serve". Em tempos passados, disseram no que precisávamos acreditar, e o conteúdo destas crenças influenciou todos os aspectos da vida e da cultura, condicionando o nosso modo de viver e até de pensar. Acreditava-se que isso era de vital importância para o indivíduo, visto que determinava o seu futuro eterno no paraíso ou inferno; e era de igual importância para a sociedade, pois a crença predominante era uma força coesa que unia grupos bem diferentes, fornecendo uma autoridade quase invencível para formar a base das leis e dos códigos morais pelos quais o populacho era governado. Num sentido, a tradição claramente definida e limitada tornou a vida mais fácil: as pessoas sabiam onde estavam no presente e para onde iriam na eternidade, e, durante a vida, tinham a segurança de uma autoridade que alegava possuir o monopólio da verdade.

Uma sociedade conceitualmente aberta é um avanço visível em relação ao mundo pré-Iluminismo, mas sem dúvida estamos perdidos no que Martin Buber (1878-1965) chamou de "o caos da possibilidade". A emergência e a propagação do fundamentalismo religioso é uma reação a isso: a iniciativa de impor ordem ao caos, de dar algum tipo de estrutura clara onde ela não existe. Segundo o juiz da supre-

FILÓSOFO EM CINCO MINUTOS

201

ma corte norte-americana Benjamin Cardozo (1870-1938): "A liberdade de pensamento... é a matriz, a condição indispensável de quase todas as outras formas de liberdade." Nossas crenças num ambiente de liberdade talvez sejam mais importantes do que nossas crenças sob repressão, visto que numa democracia o que determina a lei e a moralidade não são as crenças da minoria impostas sobre a maioria, e sim a visão dos indivíduos manifestada coletivamente.

"Não há nada a que comumente os homens sejam mais inclinados do que impor as próprias crenças. Quando os meios comuns falham, eles acrescentam o comando, a violência, o fogo e as espadas."

MICHEL DE MONTAIGNE (1533-1592)

Mas há um problema com a "crença" *per se*, porque ela pode ser totalmente subjetiva, não se baseando no conhecimento, nem na experiência. A crença pode ser equivocada, pode estar totalmente errada, e pode ser cega e perpetrada mesmo se for provado que ela é falsa. "Eu sei no que acredito. Continuarei a articular o que acredito, e aquilo em que acredito eu acredito que seja certo", disse George Bush (1946). Assim, a validade da crença é relativa tanto ao seu conteúdo quanto a como e por que ela é compartilhada. O professor de economia sueco Niclas Berggren (1968) escreveu que "a crença move o comportamento, mas geralmente não se baseia na experiência, e, portanto, não busca ou reflete a dimensão íntima da existência humana". O que ela faz é definir identidades e dar uma sensação de pertencimento. Berggren relaciona a crença à bússola profundamente pessoal de nossas vidas e a vê contribuindo para a nossa sensação de identidade. Ao fazê-lo, ele defende uma ideia importante: quem nós somos e o que fazemos não são determinados totalmente pelo nosso conhecimento. As crenças podem determinar tanto os relacionamentos quanto o comportamento humano. Elas não são necessariamente prontas e acabadas, podendo servir como ponto de partida para investigações posteriores, assumindo a forma de uma hipótese, o trampolim da pesquisa científica ou investigação filosófica. O filósofo iluminista David Hume (1711-1776) escreveu: "É o ato da mente que torna as realidades, ou o que é tomado como tal, mais presentes para nós do que as ficções, fazendo-as pesar mais no pensamento, e dando-lhes uma influência superior sobre as paixões e a imaginação."

8
Comportamento

"A percepção da Verdade é maior que tudo. E maior ainda é a vida verdadeira."

GURU NANAK (1469-1539)

Precisamos de um código moral?

No começo desta seção sobre Comportamento, pode ser útil fazer uma distinção entre moralidade e ética. No uso comum as duas palavras são intercambiáveis, mas existem diferenças importantes. Em termos amplos, *moralidade* se refere ao comportamento individual que pode ou não obedecer e aceitar padrões, enquanto a *ética* está preocupada com o comportamento social, julgado pelos princípios de um sistema ético. Existem formas de comportamento aceitáveis em situações privadas ou dentro de um grupo familiar que seriam inaceitáveis num contexto mais amplo. As duas palavras se preocupam com o comportamento comum, o jeito como as pessoas fazem as coisas, e ambos implicam um padrão. A moralidade tenta determinar se um comportamento é "bom" ou "mau", enquanto a ética se preocupa com o estudo desse assunto. Existe uma ramificação da ética chamada "ética normativa", cujo objetivo é determinar o que devemos ou não fazer num contexto social, e nosso comportamento é comparado em relação a esse padrão implícito, sendo considerado "certo" ou "errado". Em termos formais, esse padrão é codificado como lei. A pergunta busca saber se nós precisamos de tal código, seja como lei criminal ou comum, ou consagrado na tradição oral.

Não sabemos quando a ideia de moralidade se desenvolveu pela primeira vez. Nas primeiras comunidades humanas uma sensação de certo e errado teria sido criada pela necessidade, e o objetivo único de sobreviver teria definido os parâmetros dessa necessidade. Nenhuma pessoa que se comportasse de forma a ameaçar a sobrevivência de um indivíduo ou do grupo teria sua atitude tolerada, e lidava-se com esse comportamento inadequado de acordo com a situação. Os padrões de comportamento acabaram sendo desenvolvidos e viraram a norma aceita, seja por uma tribo ou aliança de tribos, e esses padrões teriam sido uma protoética que se desenvolveu como uma série de padrões comuns para o grupo. Partindo desse começo simples, o conceito de "ética" agora se aplica a assuntos especializados como "ética médica" e "ética nos negócios". Especialistas à parte, a ética diz respeito a todos nós, como pessoas que vivem em grupos. Na cultura ocidental a influência dominante é o sistema ético baseado na tradição judaico-cristã, cujo núcleo está nos Dez Mandamentos interpretados no Sermão da Montanha de Jesus. O que isso representava foi absorvido pelo imenso e complexo sistema de leis civis, criminais e eclesiásticas que foram indispensáveis ao desenvolvimento da civilização ocidental.

Nenhuma sociedade conseguiria sobreviver sem um código moral, especialmente uma tão sofisticada quanto a nossa. Sem diretrizes estabelecidas de comportamento e os meios para aplicar as leis que as expressam, seríamos ingovernáveis e reduzidos à anarquia. Como diz Thomas Hobbes (1588-1679), a vida seria "solitária, pobre, grosseira, bruta e breve". Para expressar de outra forma, viver sem nenhum tipo de código moral ou sistema ético exigiria da sociedade a mais extraordinária maturidade, com todos vivendo livremente no melhor interesse das outras pessoas. Obviamente isso não é possível nem provável que aconteça, mas de certa

FILÓSOFO EM CINCO MINUTOS

forma todos os sistemas éticos podem ser reduzidos a esse princípio. De forma simples, um sistema ético é uma expressão de respeito, não só de uns pelos outros como pela vida em si. De acordo com Albert Schweitzer (1875-1965), "a ética... não é nada além da reverência pela vida. Ela fornece o princípio fundamental da moralidade, ou seja, que o bem consiste em manter, promover e aprimorar a vida, e que destruir, ferir e limitar a vida consistem no mal".

Existem leis morais absolutas?

A noção de absolutismo moral supõe a existência de certas ações que são totalmente certas ou totalmente erradas, em quaisquer circunstâncias. Essas leis usualmente estão associadas a direitos e deveres e apontam para um princípio que nunca deve ser transgredido. Uma lei moral absoluta tem probabilidade maior de ser encontrada num contexto religioso, especialmente das religiões bíblicas, mas também pode ter uma aplicação secular. Ela pode ser absoluta, às vezes por séculos, mas geralmente deixa de sê-lo. Na Idade Média um apóstata ou herege que se recusava a desmentir sua condição morreria queimado: a lei era inflexível. Mas na sociedade ocidental contemporânea a lei não reconhece tais crimes.

O modelo de lei absoluta costumava ter os Dez Mandamentos registrados no Antigo Testamento (Êxodo 20:2-17) como imperativos, por exemplo: "Honra a teu pai e a tua mãe", "Não matarás", "Não cometerás adultério", "Não roubarás", e assim por diante. Contudo, cada uma dessas leis perdeu a dureza do absolutismo. Há uma tendência a definir o absolutismo de uma lei pela forma de punição prescrita por descumpri-la. Em muitas partes do mundo a pena capital continua sendo aplicada em casos de assassinato, "olho por olho", implicando que tanto a lei quanto a sanção são absolutas. Mas a lei contra matar não é mais absoluta, visto que há diferentes tipos de assassinato definidos de acordo com motivo, provocação e premeditação. O mesmo vale para outros crimes anteriormente considerados como transgressão de uma lei absoluta, como roubo ou adultério.

"Não seja moral demais. Você pode se boicotar de muita coisa na vida. Mire acima da moralidade. Não seja apenas bom, e sim útil."

HENRY DAVID THOREAU (1817-1862)

No Ocidente, o absolutismo moral não é mais definido pela lei, e sim por um ideal. Em algum lugar nas formulações dos Dez Mandamentos e do labirinto infinito de leis gerado por eles, existe um duro núcleo moral que não pode ser gradualmente reduzido. Conhecido como Regra de Ouro, ele se espalhou pelos nossos sistemas éticos da antiga Babilônia até o humanismo secular moderno. É uma regra de reciprocidade que, afirmada positivamente, exige que você trate os outros como gostaria de ser tratado, e ne-

FILÓSOFO EM CINCO MINUTOS

gativamente, que evite tratar os outros como *não* gostaria de ser tratado. O Rabino Hillel (110 a.C. -10 d.C.) respondeu, quando lhe pediram para resumir a lei judaica: "O que lhe é odioso, não faça ao seu próximo. Isto é a Torá, toda ela. Todo o resto é comentário; vai e estuda." Ou em termos cristãos: "Amarás ao teu próximo como a ti mesmo." Em seu sermão de despedida, Maomé disse: "Não feri ninguém porque assim ninguém vos ferirá." O tema continua ao longo da filosofia moral ocidental, sendo o ponto fundamental do que era provavelmente o imperativo categórico de Kant. A primeira formulação dele é: "Age só segundo máxima tal que possas ao mesmo tempo querer que ela se torne lei universal." Isto é seguido de perto por: "Age de tal maneira que possas usar a humanidade, tanto em tua pessoa como na pessoa de qualquer outro, sempre e simultaneamente como fim, e nunca simplesmente como meio."

A formulação dos princípios morais básicos delineados anteriormente por Kant não se soma para formar um objetivo moral absoluto, mas representa um ideal, um mínimo denominador comum de relacionamentos civilizados. Uma moral absoluta pode apenas ser mantida pela pessoa que a adote: não pode ser aplicada a mais ninguém e continuar sendo "moral". Como avisou Pascal: "O mundo é governado pela força, não pela opinião; mas a opinião usa a força."

GERALD BENEDICT

As leis devem ser sempre baseadas em princípios religiosos?

Devemos aos princípios religiosos muitas das leis a que obedecemos e, embora as leis tenham sido mantidas, os princípios não são mais tão seguidos por serem religiosos. O fato de tais leis persistirem implica que sua "verdade" se baseia em valores mais universais do que os princípios de qualquer religião, mesmo se essas leis forem originalmente derivadas, por exemplo, das fés abraâmicas.

É como se a sociedade secular dissesse: "Tudo bem, concordamos que certos valores são válidos, indispensáveis e que precisamos deles, mas não acreditamos nas fontes religiosas das quais eles derivaram." O humanismo secular renunciou a Deus, mas manteve um sistema ético baseado em boa parte nos valores considerados como dados por Deus. Ela compartilha o ceticismo expresso por Blaise Pascal (1623-1662): "Os homens nunca fazem o mal tão completamente e alegremente como quando o fazem por convicção religiosa." Mas a partir de que convicção eles fazem o bem?

Se não for na religião, em que as leis devem se basear? O teórico liberal francês Frédéric Bastiat (1801-1850) avisou: "Quando a lei e a moralidade se contradizem, o cidadão tem a cruel alternativa de perder seu senso moral ou perder o respeito pela lei." Se nós renunciamos à religião, então é preciso garantir que as leis feitas por nós são moralmente sólidas e, se não pudermos encontrar uma alternativa aos princípios religiosos para conseguir isso, é melhor manter esses princípios como base da lei.

Uma das alternativas é o naturalismo, do qual a lei natural surge segundo alguns argumentos. Cícero (106-43 a.C.) definiu a lei natural como "lei verdadeira, a razão justa de acordo com a natureza; é de aplicação universal, imutável, eterna, cujas ordens convidam ao dever e cujas proibições afastam do mal". Em virtude de termos nascido humanos, sugere-se que a natureza gravou em nossa mente as regras de conduta moral. Entre elas estão: a necessidade moral, a compaixão e os direitos humanos básicos, que são implementados pela consciência. Estas ideias têm uma longa origem desde os filósofos gregos e romanos, mas a lei natural não necessariamente nos liberta do precedente religioso, pois permite que o homem, "considerado como uma criatura, deve estar necessariamente sujeito às leis do Criador" (William Blackstone, 1723-1780). Contudo, só quem tem fé religiosa considera que a criatura tenha um Criador, e os humanistas argumentam, plausivelmente, que uma sensação inerente de lei moral é tão natural e válida quanto a lei da gravidade. Jeremy Bentham (1748-1832), um dos principais utilitaristas, pensava que a lei natural era uma cortina de fumaça e que os direitos humanos eram "absurdos de muletas". Segundo ele, "a natureza colocou a humanidade sob o governo de dois mestres soberanos, o prazer e a dor", premissa a partir da qual ele defendeu que uma ação deveria ser julgada moralmente certa ou errada de acordo com o quanto ela minimizava a dor e aumentava o prazer. Tanto a lei natural quanto o utilitarismo apresentam problemas que não podemos abordar profundamente aqui, mas como base para lei moral eles oferecem uma alternativa à religião. É uma questão de escolha, mas, como já observamos, princípios religiosos foram mantidos por governos e legisladores seculares quando considerados úteis. Talvez Thomas Jefferson (1743-1826) tenha sido apenas um pouco simplista quando sugeriu uma Regra de Ouro para legisladores em seu discurso inaugural como presidente dos EUA: "Impedir os homens de se atacar mutuamente, [e então] deve deixá-los livres para regular as suas próprias atividades."

Às vezes pode ser certo violar a lei?

A única circunstância em que pode ser certo violar a lei é quando a lei exige que o indivíduo ou grupo faça algo imoral e contrário à consciência. Exemplos comumente citados de tais circunstâncias são a exigência do governo nazista de não fornecer abrigo a judeus, e sim entregá-los às autoridades, e a lei sul-africana durante o *apartheid*. Embora a consciência seja o que leve alguém a violar tais leis, essa pessoa inevitavelmente estaria sujeita às penalidades da lei em questão. A "objeção conscienciosa" fez pessoas se recusarem a prestar serviço militar em caso de guerra, e essa base para objeção tem sido aceita, desde que baseada em princípios de religião ou liberdade de pensamento. Quem se opõe pode ter um papel civil (por exemplo, na agricultura) ou uma função não combatente (como maqueiro), mas também pode ter o direito de se recusar a se envolver em qualquer coisa que apoie o esforço de guerra.

FILÓSOFO EM CINCO MINUTOS

"Não posso nem quero retratar-me de nada, porque fazer algo contra a consciência não é seguro nem saudável. Não posso fazer outra coisa, esta é a minha posição. Que Deus me ajude. Amém."

MARTINHO LUTERO (1483-1546)

A Declaração Universal dos Direitos Humanos das Nações Unidas, ratificada em 1948, diz que: "Toda pessoa tem direito à liberdade de pensamento, consciência e religião; este direito inclui a liberdade de mudar de religião ou crença e a liberdade de manifestar essa religião ou crença, pelo ensino, pela prática, pelo culto e pela observância, isolada ou coletivamente, em público ou em particular." Pode-se argumentar que qualquer lei exigindo que alguém transgrida esses direitos pode ser justificavelmente quebrada, e o regime que aplique tal lei mereça oposição. A consciência é um guia muito delicado. O apelo de Einstein (1879-1955) para que "nunca faça nada contra a sua consciência, mesmo que o Estado exija" encontra eco em Gandhi (1869-1948): "Nas questões de consciência, a lei da maioria não tem lugar."

É possível que uma lei possa ser violada após a descoberta de que ela é ruim por motivos diferentes da consciência. Uma lei pode ser ruim por ser inaplicável, como a lei proibindo o uso de cães para caça à raposa no Reino Unido. Qualificar a lei de ruim é um comentário sobre ela, não sobre se caçar raposas é bom ou ruim. Esta lei era descumprida regularmente, não porque ela é inaplicável e a polícia

GERALD BENEDICT

"tolera" a caça, e sim porque os caçadores não veem nada de errado no que estão fazendo e acreditam que a lei infringe o direito deles, além de sua preciosa liberdade.

Muitos argumentam que é um dever moral violar uma lei injusta, mas esta é uma plataforma para "fazer justiça com as próprias mãos", o que sempre abre um precedente perigoso. Ainda assim, esta é a base da desobediência civil, que por sua vez consiste no trampolim para todos os movimentos de direitos civis.

Em 2010, o vice-primeiro-ministro britânico Nick Clegg (1967) declarou: "Hoje estamos dando um passo sem precedentes. Com base na crença de que as pessoas e não os políticos sabem o que é melhor para elas, estamos pedindo ao povo do Reino Unido para dizer como vocês querem ver sua liberdade restaurada." Ele destacou três áreas nas quais iria se concentrar: 1) leis que corroeram as liberdades civis, 2) regulamentações que prejudicam o trabalho de organizações de caridade e empresas, e 3) leis indesejadas e que têm probabilidade de criminalizar cidadãos cumpridores das leis. A que ponto o sr. Clegg abriu a porta para que a lei seja justificadamente violada em seu próprio país ainda é algo a se descobrir.

O karma determina o nosso comportamento?

Embora karma seja um termo conhecido no mundo ocidental, não se trata de um conceito muito bem compreendido. Ele não implica nenhum tipo de fatalismo, predes-

FILÓSOFO EM CINCO MINUTOS

tinação ou inevitabilidade. Nas religiões indianas, o karma diz respeito a todo o ciclo de causa e efeito, conhecido como *samsara*, manifestado na vida humana como nascimento, morte e renascimento. Se assumirmos a visão de que tudo o que fazemos ou que acontece a nós ou aos outros se origina no karma, então estamos negando que temos livre-arbítrio e afirmando que não temos responsabilidade. O karma, contudo, se preocupa com a causa e o efeito num sentido acumulativo ao longo de várias vidas sucessivas, fazendo com que a pessoa seja hoje o resultado do que foi antes.

O karma funciona em níveis sutis, moldado pelo conceito de *samskara* (ou *sankhara* em pali), que significa "impressões", "tendências" ou "possibilidades". No budismo elas são chamadas de "forças de formação mental", ou "impulsos", que podem estar ativas porque nós as iniciamos, ou passivas porque somos influenciados por elas. Após nos libertarmos dessas forças, o karma não é desenvolvido, e entramos no nirvana. O estudioso francês do budismo André Bareau (1921-1993) resumiu o karma como uma lei universal na qual "o ato [karma] produz um fruto em certas circunstâncias. Quando está maduro, ele cai sobre a pessoa responsável. Como o tempo de amadurecimento geralmente excede uma vida, o efeito das ações necessariamente acontece em um ou mais renascimentos". O karma implica reencarnação.

Como esses princípios cármicos afetam a nossa vida diária? De modo mais substancial, o karma significa que podemos controlar a vida no presente e, consequentemente, a qualidade da vida futura através das escolhas que fazemos o tempo todo. Não temos controle sobre o que fizemos

GERALD BENEDICT

numa vida passada, além de compreender que o que nos acontece, o que pensamos e fazemos é resultado do que já fomos. Nossa vida presente é de certo modo uma oportunidade de reparar os aspectos negativos e construir aspectos positivos na nossa vida. O jeito budista de fazer isso é, por exemplo, por meio do Nobre Caminho Óctuplo: Entendimento Correto, Linguagem Correta etc. A lei do karma garante que se vivermos a vida habilmente, de acordo com um padrão significativo por vários anos, vamos garantir um bom nascimento na próxima vida. É preciso entender que nós temos escolhas sobre como vivemos, e tais escolhas terão um efeito indireto. Cada um de nós é a própria dinâmica moral.

"Assim como o fogo flamejante reduz a madeira a cinzas, da mesma forma o fogo do Autoconhecimento reduz todo o Karma a cinzas."

BHAGAVAD GITA (SÉCULO I D.C.)

Surgem duas ideias importantes. Primeiro: não é o ato ou a ação, e sim a intenção que determina o efeito cármico da ação. Se uma pessoa pretende fazer algo bom ou mau, mas não pode, a mera intenção tem consequências. Segundo: é preciso repetir que o karma não é um tipo de determinismo. O karma de uma pessoa afetará a natureza do seu renascimento, mas não afeta as suas ações. Em outras palavras, o karma fornece uma situação, mas não influencia a resposta escolhida livremente pela pessoa diante daquela situação. Ao usar o termo "situação" estou me referindo tanto ao contexto geral da vida de alguém quanto à passagem através de cada momento do dia, num âmbito mais particular. Daí a ênfase budista em estar atento e "presente" em cada momento.

Quais são os valores essenciais?

Na filosofia moral, o "valor essencial" geralmente se chama "valor intrínseco". Qualquer teoria de valor se preocupa em saber quais coisas no mundo são boas, desejáveis e importantes *em si*. Alguns exemplos podem ser a verdade e a justiça. Vale a pena fazer a distinção entre valor *extrínseco*, algo que não tem valor em si, mas que, se aplicado, contribui para o valor de outra coisa. Um valor essencial pode ser considerado um padrão absoluto. Por exemplo, uma virtude como a bondade ou uma qualidade como a beleza. Bondade, verdade e justiça têm valor moral teórico em si, mas também têm valor prático na forma de "ser bom" e "dizer a verdade". A felicidade, embora possa ser considerada essencial, é um valor não moral. Contudo, qualquer coisa que aumente a felicidade de outra pessoa, como compaixão e consideração, tem um valor intrínseco que se transforma em essencial pelo seu conteúdo moral. É mais fácil demonstrar que algo tem valor extrínseco, porque pode ser medido por sua eficácia como um meio para chegar a um fim. Os exercícios físicos, por exemplo, têm valor extrínseco, pois contribuem para a saúde. Mas nenhum valor pode ser considerado essencial em si se o fim ao qual ele se aplica não é moral em termos absolutos.

Valores essenciais são aqueles sem os quais não podemos viver. Sócrates colocou o conhecimento, mais precisamente o autoconhecimento, no topo da lista, enquanto para Aristóteles (384-322 a.C.), a felicidade era o valor maior, visto que tudo o mais, inclusive a realização pessoal, era um meio para chegar a este fim. Para Platão (427-347 a.C.), todos os valores essenciais se reúnem na "Vida Boa", e existe fundamentalmente uma — e apenas uma — vida boa a ser vivida. Para Platão a bondade era absoluta, tão fixa e tão certa quanto o nascer do sol amanhã. É o valor máximo que nos governa, e não depende da inclinação humana, das vicissitudes do humor, das conveniências ou do desejo. A bondade está lá para ser descoberta pelas pessoas, que precisam ser adequadamente treinadas para tal. Da Bondade surgem outros valores, como a verdade e a justiça. Daí conclui-se que para Platão "o que é bom" é sinônimo do que é certo, e que "ser bom", levar uma boa vida, significa viver de acordo com o que é certo. Ele concorda com Sócrates ao dizer que, para descobrir o que é a boa vida, as pessoas precisam adquirir certos tipos de conhecimento. Mas, para Platão, a boa vida não depende do *conhecimento*, por exemplo, do que é certo, visto que ele também estava preocupado em defender que a vida boa pode ser vivida por meio de um instinto ou intuição do que é certo. O problema é que embora uma vida boa seja possível sem este conhecimento, ela é insegura, aleatória e sem rumo. O currículo de Platão para quem deseja adquirir o conhecimento tinha duas ramificações: 1) o conhecimento dos hábitos virtuosos de comportamento; e 2) o desenvolvimento da força mental por meio do estudo da matemática e da filosofia. Para resumir a essência do sistema ético de Platão, o que é certo determina e garante "o bom governo", pois é com o governo que fica a responsabilidade de manter valores essenciais. Para Platão, o filósofo é rei!

Com o tempo, podemos seguir o caminho ético por meio da filosofia para ver como outros pensadores definem a noção de valor essencial ou intrínseco, mas de certa forma tudo se resume aos mesmos pontos: verdade, justiça, paz, felicidade e as condições que garantem os direitos humanos fundamentais. Mas Aristóteles (384-322 a.C.) observa: "Não agimos corretamente porque temos virtude ou excelência, mas as temos porque agimos corretamente."

Existe algum ato verdadeiramente altruísta?

O altruísmo é um ideal, mas fica difícil determinar se alguém é verdadeiramente altruísta, visto que, mesmo com as melhores intenções, fazer algo por outra pessoa pode trazer benefícios. O sacrifício de Jesus de Nazaré é frequentemente citado como paradigma de um ato verdadeiramente altruísta, mas ele estava cumprindo a vontade de Deus. Qualquer um cuja vida pareça ser dedicada a servir os outros provavelmente está fazendo isso para preencher algo em si mesmo. Assim, um ato nunca será totalmente altruísta. Apenas uns poucos dedicarão a vida a servir os outros, mas a maioria se oferecerá para servir por algum tempo de formas pequenas porém significativas. William Blake (1757-1827) define desta forma: "Quem faz o bem ao outro deve fazê-lo nos Mínimos Detalhes: o Bem geral é a justificativa do imoral, do hipócrita e do falso, pois Arte e Ciência não podem existir a não ser através de Detalhes minuciosamente organizados."

Na zoologia, o altruísmo é o comportamento de um animal que beneficia outro à sua própria custa. Para os animais, este não é um ato "altruísta", e sim algo instintivo. Para os humanos, por outro lado, o altruísmo não é inteiramente natural nem inerentemente instintivo, mas uma abordagem movida pela consciência e por um senso de "dever". Richard Dawkins (1941) sugeriu que precisamos "tentar ensinar generosidade e altruísmo porque nascemos egoístas", uma referência ao seu livro *O gene egoísta*. Dawkins é um apóstolo do ateísmo, e argumenta que somos primeiramente movidos por ações que garantirão a própria sobrevivência e a da espécie e, independente do motivo dessas ações, somos basicamente movidos pela lei natural.

Seja por princípios religiosos ou humanistas, é claramente benéfico ser altruísta. Mas o altruísmo tem outra dimensão. Se, como Dawkins sugere, ele precisa ser ensinado contra o nosso egoísmo inerente, somos "programados" para nos opor aos interesses alheios. O que pode ser melhor para nós está, portanto, em conflito com o que pode ser melhor para os outros, e, sendo assim, o altruísmo implica deixar de lado os próprios interesses. Talvez apenas neste modelo um

FILÓSOFO EM CINCO MINUTOS 221

ato possa ser verdadeiramente altruísta, visto que devemos primeiro renunciar às nossas prioridades para que outra pessoa se beneficie. Mas a diferença talvez seja precisa demais para ser feita. Como Jesus poderia ter deixado de lado o dever de fazer a vontade do Pai a ponto de liberar o altruísmo do seu sacrifício deste motivo secundário e oculto?

O modelo budista de altruísmo é o *bodhisattva*, uma pessoa que é totalmente iluminada, mas renuncia a entrar totalmente no nirvana de modo a continuar ajudando os outros a alcançar a iluminação até que todos os seres humanos sejam iluminados. E ainda assim o Dalai Lama (1935) argumentou que "os budas e *bodhisattvas* são os mais egoístas de todos. Por quê? Porque ao cultivar o altruísmo eles obtêm a felicidade suprema". A questão é que não há conflito, visto que o que move o *bodhisattva* é a compaixão, e é o cultivo dela que ao mesmo tempo cria o mais alto grau de felicidade para si e beneficia mais os outros. O Dalai Lama também afirmou que "amar os outros não significa que devemos nos esquecer de nós. Quando digo que devemos ser compassivos, isto não significa ajudar os outros à custa de si mesmo. Nada disso".

"Somos formados e moldados pelos nossos pensamentos. Aqueles cujas mentes são moldadas por pensamentos altruístas dão alegria quando falam ou agem. A alegria os segue como uma sombra que nunca os deixa."

BUDA GAUTAMA (563-483 A.C.)

GERALD BENEDICT

Devemos sempre ser verdadeiros?

Supondo que sabemos a verdade, então teoricamente sempre podemos ser verdadeiros, e talvez a velha máxima "a sinceridade é a melhor política" ainda funcione. Contudo, a palavra "política" afasta o princípio de dizer a verdade da moralidade e o aproxima da conveniência: é melhor dizer a verdade porque deixa a vida mais fácil e menos complicada. Falar a verdade, por mais brutal que possa ser, evita as consequências da mentira. O juramento de dizer "a verdade, somente a verdade e nada mais que a verdade" no tribunal provavelmente é um bom modelo para a justiça, mas fora do tribunal dizer somente a verdade pode não ser viável, e omitir a verdade, ou parte dela, não é o mesmo que mentir. O político liberal britânico James Burgh (1714-1775) concorda: "Você não precisa dizer toda a verdade, exceto para quem tenha o direito de saber toda a verdade, mas faça com que tudo o que você diga seja verdade."

Relacionamentos exigem sinceridade, visto que sem ela não há base para a confiança. Contudo, pelo mesmo motivo, podemos ter que nos abster de dizer toda a verdade: para evitar magoar os sentimentos ou aliviar a ansiedade de alguém, nós recorremos à "mentira branca": omitimos algo ou deturpamos a verdade de modo a suavizá-la, e isto pode ser justificável quando alguém é jovem demais para entender a verdade ou as suas implicações. Esse expediente facilita a vida diária. Claramente, dizer menos que a verdade ou deturpá-la por má-fé ou interesse egoísta é eticamente errado pelos padrões da maioria das sociedades, mas ge-

FILÓSOFO EM CINCO MINUTOS

ralmente quem o fizer vai ficar preso na própria rede de mentiras. É preciso sustentar a história dita, significando que mentiras geram mais mentiras.

Embora moderar a verdade possa ser justificável em relacionamentos pessoais, o mesmo não é válido em relações comerciais. As afirmações feitas em publicidade são planejadas para ser plausíveis, e mesmo que os padrões da publicidade sejam bem rigorosos, a "indústria da persuasão" sempre passa a mensagem que deseja por meio da mistura de imagens, palavras, sons e efeitos subliminares. O objetivo não é dizer a verdade, e sim vender um produto.

A verdade não é absoluta, e talvez apenas leis físicas como a da gravidade representem uma verdade imutável, embora mesmo a lei da gravidade, conforme formulada por Isaac Newton (1643-1727), tenha sido modificada de modo a acomodar novos conhecimentos. Os defensores da religião alegam compartilhar a "verdade" em termos fundamentais e absolutos, mas essas verdades são totalmente subjetivas e também subjetivamente recebidas. Toda a verdade é flexível, relativa e sujeita a interpretações e modificações. Lidamos com verdades que não são claramente definidas e em boa parte do tempo nós apenas supomos que o que ouvimos ou lemos é "a verdade".

"A verdade científica é maravilhosa, mas a verdade moral é divina."

HORACE MANN (1796-1859)

Até onde podemos dizer toda a verdade, supondo que ela seja conhecida, depende da sensibilidade da nossa consciência. Talvez seja preciso um marcador, como "A Boca da Verdade", uma tampa ornamental na entrada da igreja de Santa Maria em Cosmedin, Roma. A face monstruosa tem a boca aberta, e diz o folclore que se você contar uma mentira com os dedos na bocarra, ela o morderá e os arrancará. Por outro lado, como ocorre com o Pinóquio, toda vez que alguém mente é possível observar o nariz da pessoa crescer. Nossas mentiras podem não deixar rastros, mas certamente haverá consequências.

Quais são as nossas obrigações em relação aos outros?

Obrigações geralmente implicam dever, porque fizemos um compromisso de algum tipo, cujos termos nos fazem determinadas exigências morais. Obrigações também podem implicar reciprocidade. Por exemplo, um ato de gratidão devido a alguém que nos fez um favor. As obrigações principais são evidentes: pais devem cuidar dos filhos, governos devem atuar com justiça e lealdade, todos somos obrigados a ser leais à família e aos amigos. Também é importante manter a lealdade aos nossos princípios e a nossa fé, e, dentro dos parâmetros definidos na resposta à pergunta anterior, ser verdadeiro também é uma obrigação básica. A parábola do Bom Samaritano lança sobre nós a obrigação perene de reagir ao sofrimento alheio. A filósofa, mística e ativista social francesa Simone Weil (1909-1943) expressou da seguinte forma: "É uma obrigação eterna em relação ao ser humano não deixar alguém sofrer de fome quando se tem a oportunidade de ajudar."

Certas carreiras envolvem o que pode se chamar de "obrigações referidas". Os que prestam serviço militar são obrigados a colocar a vida em risco e serem leais ao Rei ou à Rainha (nas monarquias) e ao país, fazer parte de um clube nos obriga a honrar seus regulamentos, médicos são obrigados a seguir o Juramento de Hipócrates. Todos os atletas que participam dos Jogos Olímpicos são obrigados a fazer o Juramento Olímpico e, ao fazê-lo, devem honrá-lo: "Em nome de todos os competidores, prometo participar destes Jogos Olímpicos, respeitando e cumprindo com as normas que os regem, me comprometendo com um esporte sem *doping* e sem drogas... etc."

"Prepara-te para o dever lembrando-se de tua posição, de quem tu és e do que tu te obrigaste a ser."

TOMÁS DE KEMPIS (1380-1471)

Nossas obrigações em relação aos outros são um reflexo das obrigações com nós mesmos, tendo o respeito próprio como base de tudo. O romancista norte-americano Richard Bach (1936) chegou ao ponto de dizer que "sua única obrigação na vida é ser sincero consigo mesmo". Nós temos responsabilidade, até onde possível, de proteger a nossa saúde, buscar educação e sucesso profissional, além de trabalhar para a própria felicidade e realização. Muitos fracassam em cumprir essas obrigações por causa de uso de drogas, consumo excessivo de álcool ou de alimentos, falta de exercícios físicos, satisfação demasiada dos próprios desejos e egoísmo. Do mesmo modo que respeitamos ou não as obrigações com nós mesmos cumprimos ou não as obrigações com os outros, e a qualidade ou a natureza do relacionamento pode afetar a força que a obrigação tem sobre nós. Falhar com você mesmo pode acontecer devido à autoimagem negativa, enquanto fracassar nas obrigações em relação aos outros sugere que nossos relacionamentos estão prejudicados. Quando agimos com os outros com base num senso de obrigação, os motivos parecem menores e a obrigação se transforma em coação, em ter que fazer algo apenas por ser o que se espera de nós. Falta coração e até amor a tais atos, que podem gerar ressentimento. Como Wayne Dyer (1940) afirmou, "falta dignidade aos relacionamentos baseados na obrigação. Se você estiver vivendo a partir de um senso de obrigação, você é um escravo".

Estamos errados se não conseguimos perdoar alguém?

A clemência é muito citada nas religiões bíblicas, e esta ênfase permeou nossa cultura. O quc é a clemência e como ela é expressa? Os cristãos rezam: "E perdoa-nos os nossos pecados, pois também nós perdoamos a qualquer que nos deve." (Lucas 11:4) Paulo exorta os Colossenses: "suportando-vos uns aos outros, e perdoando-vos uns aos outros, se alguém tiver queixa contra outro; assim como Cristo vos perdoou, assim fazei vós também" (Colossenses 3:13). Em resposta à pergunta de Pedro sobre perdoar até sete vezes alguém que lhe fez mal, Jesus responde: "Não te digo que até sete; mas até setenta vezes sete." (Mateus 18:22) As implicações das escrituras são que devemos estender o perdão aos outros porque nós fomos perdoados e que o perdão é sem limites ou condições. Para os judeus, perdoar é um dos 13 atributos divinos, e na oração *Amidah*, Deus é tratado como "Aquele que perdoa abundantemente". Isto é ritualizado na véspera do Dia do Perdão, quando é costume para os judeus procurar quem eles ofenderam e pedir perdão, mas o pedido tem que vir acompanhado de uma oferta para reparar o mal causado. O islamismo conhece Alá como "O Que Mais Perdoa", e o perdão dele e dos outros exige arrependimento. Para os budistas, o perdão é uma forma de "deixar para lá", de não insistir no que precisa ser perdoado. "Ele me insultou, me bateu, me agrediu, me roubou. Para quem esses pensamentos alimenta, a hostilidade não é acalmada." (*Dhammapada*)

O perdão é um processo de cura, e não conseguir perdoar mantém a ferida aberta, mas não é fácil perdoar e aceitar o perdão. Perdoar é garantir a alguém que você não o culpa mais pelo problema em questão e que esta pessoa pode abandonar a sensação de culpa. Se alguém que você conhece o agrediu, roubou de você ou danificou sua propriedade deliberadamente, perdoar é mostrar que você não se ressente mais disso. Porém, perdoar implica um relacionamento e é recíproco: não é possível perdoar se quem lhe fez mal for um estranho a quem você nunca mais vai ver, exceto num tribunal. Em resumo: é um processo que alivia o ressentimento e a mágoa, trazendo paz de espírito, espera-se, para ambas as partes. Se o perdoado será ou não capaz de aceitar o perdão e deixar de lado a culpa poderá depender da sinceridade do *pedido* de perdão. Certamente aceitar o perdão exige chegar a um pleno acordo com a nossa vergonha.

É possível que uma pessoa que não perdoe e guarde mágoa exacerbe seu senso de injustiça: nada nos devora mais do que o rancor e a raiva. Contudo, embora perdoar seja possível, pode demorar para que aconteça. No caso de família e amigos, não perdoar, por mais difícil que pareça, atrapalha a reconciliação. Costuma-se dizer que devemos perdoar *e* esquecer. O escritor judeu norte-americano Sholem Asch (1880-1957) alegou que "não é o poder de lembrar, mas seu total oposto, o poder de esquecer, é uma condição necessária para a nossa existência". Esquecer-se, contudo, pode ser mais difícil do que perdoar, e pode ser impossível. Perdoar não depende de esquecer: pode curar a lembrança, mas não a apaga ao fazê-lo. Determina-se se o perdão foi verdadeiro pela medida de até onde a lembrança não é mais dolorosa.

"Sempre perdoe seus inimigos. Nada os
aborrece mais do que isso."

OSCAR WILDE (1854-1900

Devemos nos perdoar?

Pode ser mais difícil perdoar a si mesmo do que os outros, mas até conseguir fazê-lo, é possível não ser capaz de perdoar totalmente. Diz a crença comum que não se pode amar alguém de verdade até ter aprendido primeiro a amar a si mesmo, mas se isso é uma questão de amor-próprio ou de perdoar a si mesmo, e como devemos chegar a esse estado mental, continua sendo um mistério. Existe quem acredita que perdoar a si mesmo faz parte da "nova onda" da cultura de autoajuda, uma espécie de psicologia do faça você mesmo "bacana" e politicamente correta. Para essas pessoas, perdoar pode ser um meio de abdicar da responsabilidade, de livrar-se da encrenca. Não é nada disso. O que está envolvido em perdoar a si mesmo se baseia nos aspectos mais sensíveis do autoconhecimento, abordando a força da compaixão e da natureza das nossas aspirações, sendo que a religião ou espiritualidade pode ou não estar envolvida nisso. Acima de tudo, como qualquer forma de perdão, exige coragem moral.

Perdoar a si mesmo é um jeito de se livrar do arrependimento. Com quanta frequência nós desejamos não ter feito ou dito algo, ou termos tomado uma decisão diferente sobre uma questão importante? Esses arrependimentos se acumulam, e perdoar a si mesmo é a única forma de se livrar dessa bagagem. Precisamos ser capazes de nos perdoar para seguir adiante com a vida: não fazer isso nos deixa presos ao passado. Conforme observamos anteriormente, para perdoar não é preciso esquecer. Beverly Flanigan (1954) explica bem a questão: "Perdoar o que não podemos esquecer cria uma nova forma de lembrar. Mudamos a lembrança do passado, transformando-a em esperança para o futuro." Como acontece com muitos dos problemas da vida, uma das chaves para resolver essa questão é a aceitação. Não importa o que fizemos, agora é passado, não pode ser desfeito, e perdoar a si mesmo começa com a coragem de enfrentar as consequências de nossas palavras e nossos atos. "A regra é: não podemos realmente nos perdoar a menos que olhemos para o erro cometido no passado e o chamemos pelo nome certo", comentário feito por Lewis B. Smedes (1921-2002). À aceitação é preciso acrescentar também assumir a responsabilidade pelo que fizemos sem inventar desculpas. E o mais importante: perdoar a si mesmo fica mais fácil quando pedimos perdão a quem prejudicamos e conseguimos reparar o erro. Noel McInnis entende o ato de perdoar a si mesmo como fundamental: "Como nada pode ser perdoado que não seja primeiramente por e através de nós, existe apenas uma espécie de perdão: o perdão a si mesmo."

Por que o amor é considerado um valor supremo?

Embora o amor tenha sido considerado a maior das virtudes humanas desde que os pensamentos foram primeiramente convertidos em palavras, assim como ocorreu com "Deus", a palavra foi gasta ao ponto de não ter significado claro. Ela precisa ser resgatada do romantismo que, embora ofereça uma imagem de amor ideal, não é uma energia capaz de sustentar os problemas mundanos da vida diária.

Para muitos, o amor está quase inteiramente associado ao sexo: nós "fazemos amor" e "caímos de amores". Para outros sua expressão mais sublime é a religiosa: "Amarás ao Senhor teu Deus de todo o teu coração, e de toda a tua alma, e de todas as tuas forças, e de todo o teu entendimento." (Lucas 10:27). Jesus também deu outras orientações: "Um novo mandamento vos dou: Que vos ameis uns aos outros." (João 13:34) E, no relato de Lucas, João acrescentou outras frases de Jesus: "Ninguém tem maior amor do que este, de dar alguém a sua vida pelos seus amigos" (João 15:13), claramente prevendo a própria morte.

O amor em seu sentido místico diz respeito à união, como entendeu Catarina de Sena (1347-1380): "O amor nos transforma no que amamos." Rabindranath Tagore (1861-1941) confirmou isto: "Apenas no amor a unidade e a dualidade não estão em conflito." Misticismo à parte, nossos relacionamentos com familiares e amigos dizem respeito à união e intimidade, sendo o amor a forma pela qual podemos adquirir uma sensação de mutualidade verdadeira, de estar unido com o outro. É "a condição em que a felicidade de outra pessoa é imprescindível para a sua própria felicidade", como disse Robert Heinlein (1907-1988). O amor é o meio pelo qual satisfazemos uma ausência interna, um vazio, uma fome. Falamos de ter fome ou sede de amor como se houvesse um desejo inato por ele. Isto é básico, conforme observou Madre Teresa (1910-1997): "A fome de amor é muito mais difícil de matar do que a fome de pão."

Os meios de dar e receber amor estão ligados às nossas emoções, e isso cria um problema, visto que identificamos o amor com um sentimento, e, se não nos sentimos *apai-xonados* ou amados, supomos que o amor esteja ausente. O coração e as emoções são notoriamente volúveis e forne-cem uma base ou medida instável para o amor, mas amar de modo constante é também uma questão de vontade. Talvez por esse motivo a maioria das formas de casamento, seja re-ligioso ou secular, envolva fazer um juramento e assinar um contrato. Que não são garantia por si, vide a quantidade de casamentos fracassados, mas são referências práticas contra as quais se pode fazer um compromisso objetivo. Em seu canto de triunfo ao amor, Paulo escreve: "O amor é pacien-te, é benigno; o amor não é invejoso; o amor não trata com leviandade, não se ensoberbece. Não se porta com indecên-cia, não busca os seus interesses, não se irrita, não suspeita mal. Não folga com a injustiça, mas folga com a verdade." (1 Coríntios 13:4-6). Fazer o amor se encaixar em qualquer dessas descrições é primeiramente uma questão mental: nós *escolhemos* ser pacientes, gentis, modestos, atenciosos, indulgentes e por aí vai. Nós determinamos tanto o *ato* de amar alguém quanto *como* amar. O valor supremo do amor é mais bem expresso por uma combinação equilibrada de emoção e vontade, mas não existem regras ensinando a amar, como disse Boécio (480-525): "Quem dá leis aos amantes? O amor tem para si uma lei maior."

"Descobri um paradoxo: se você amar até doer, não vai haver mais dor, apenas mais amor."

MADRE TERESA (1910-1997)

Leituras Complementares

Adams, Douglas, *A vida, o universo e tudo mais,* Arqueiro, 2009.

Aristóteles, *Ética a Nicômaco,* Atlas, 2001.

Auden, W. H. *Selected Poems,* Faber, 1968.

Agostinho, Santo, *Confissões,* Paulinas, 2000.

Batchelor, Stephen, *Budismo sem crenças,* Palas Athena, 2005.

Bierce, Ambrose, *O dicionário do Diabo,* Mercado Aberto, 1999.

Bonhoeffer, Dietrich, *Letters and Papers from Prison,* edição e tradução de Eberhard Bethge, Touchstone, Simon & Shuster, 1997.

Buber, Martin, *I and Thou,* T & T Clark, 1959.

Buzzi, Giorgio, *Correspondence. Near Death Experience.* Lancet, vol. 359, edição 9323,15 de junho de 2002.

Capra, Fritjof, *O Tao da Física,* Cultrix, 2011.

Cornford, F. M., *From Philosophy to Religion: A Study in the Origins of Western Speculation,* Harper Torchbooks, 1957.

Dalai Lama, *Uma ética para o novo milênio,* Sextante, 2006.

Dalai Lama, *The Power of Compassion,* tradução de Geshe Thupten Jinpa, Thorsons, 1981.

Darwin, Charles, *A origem das espécies,* Madras, 2011.

Davis, Paul, *The Mind of God,* Penguin Books, 1992

Dawkins, Richard, *Deus, um delírio,* Companhia das Letras, 2007.

Descartes, René, *Philosophical Writings,* edição e tradução de Elizabeth Anscombe e Peter Geach, Nelson University Paperbacks, 1954.

Eagleton, Terry, *O debate sobre Deus: razão, fé e revolução,* Nova Fronteira, 2011.

Einstein, Albert, *Notas autobiográficas,* Nova Fronteira, 2005.

Einstein, Albert, *Ideas and Opinions,* Random House, NY, 1954.

Flugel, J. C., *Man, Morals and Society. A Psychoanalytical Study,* Penguin Books, 1955.

Fontana, David, *Does Mind Survive Physical Death?,* Cardiff University, 2003.

Fromm, Erich, *Escape from Freedom,* Rinehart & Co, 1941.

Fromm, Erich, *A arte de amar,* Martins Editora, 2000.

Gandhi, Mahatma, *The Writings of Gandhi,* seleção e edição de Ronald Duncan, Fontana, 1971.

Gershom, Rabbi Yonassan, *Beyond the Ashes,* A.R.E. Press, 1992.

Govinda, Lama Anagarika, *The Way of the White Clouds,* Overlook Press, 1996.

Hawking, Stephen, *Uma breve história do tempo,* Rocco, 2002.

Heidegger, Martin, *Ser e tempo,* Vozes, 2006.

Hobbes, Thomas, *Leviatã,* Ícone Editora, 2008.

Hoyle, Fred, *The Nature of the Universe,* Blackwell, 1950.

Hume, David, *Tratado da natureza humana,* Unesp, 2009.

James, William, *As variedades da experiência religiosa,* Cultrix, 1991.

Jeffreys, M. V. C., *Personal Values in the Modern World,* Pelican Books, 1963.

Jung, C. G., *O homem e seus símbolos,* Nova Fronteira, 2008.

Jung, C. G., *Psicologia e religião oriental,* Vozes, 2011.

Jung, C. G., *Psicologia do inconsciente,* Vozes, 2011.

Kant, Immanuel, *Crítica da razão pura,* Vozes, 2012.

Krishnamurti, Jiddu, *The Penguin Krishnamurti Reader,* edição de Mary Lutyens, Penguin Books, 1964.

Lewis, Hywel D, *The Elusive Self,* MacMillan, 1982.

Locke, John, *Investigações sobre o entendimento humano,* Unesp, 2004.

Kaufmann, Walter, *Critique of Religion and Philosophy,* Princeton University Press, 1958.

Maharshi, Sri Ramana *Be As You Are: The Teachings of Sri Ramana Maharshi,* edição de David Goodman, Arkana, 1985.

Miner Holder, Janice, *The Handbook of Near-Death Experiences: Thirty Years of Investigation,* Praeger, 2009.

Montaigne, Michel de, *Os ensaios,* Penguin Companhia, 2010.

Nietzsche, Friedrich, *Além do bem e do mal,* Vozes, 2009.

Nietzsche, Friedrich, *Vontade de potência,* Vozes, 2011.

Nietzsche, Friedrich, *Assim falava Zaratustra,* Vozes, 2011.

Nowell-Smith, P. H., *Ethics,* Pelican Books, 1961.

Otto, Rudolph, *The Idea of the Holy,* Pelican Books, 1959.

Pascal, Blaise, *Pensamentos,*WMF Martins Fontes, 2005.

Paton, H. J., *The Modern Predicament,* George, Allen & Unwin, 1958.

Peake, Anthony, *Is There Life After Death?* Chartwell Books, USA/Arcturus UK, 2006.

Platão, *A República de Platão,* Perspectiva, 2006.

Platão, *O banquete,* Edufpa, 2011.

Raphael, D. D., *Moral Philosophy,* Oxford University Press, 1984

Rilke, Rainer Maria, *Selected Poems,* Penguin Books, 1964.

Rogers, Carl, *The Carl Rogers Reader,* edição de Howard Kirschenbaun e Valerie Henderson, Constable, 1990.

Rumi, *Selected Poems,* tradução de Coleman Banks, Penguin Classics, 2004.

Russell, Bertrand, *Outline of Philosophy,* George Allen &Unwin 1979.

Schweitzer, Albert, *Out of My Life and Thought,* tradução de Antje Bultmann Lemke, Johns Hopkins University Press, 1998.

Sumedho, Venerável Ajahn, *The Four Noble Truths,* Amaravati Publications, 1992.

Tarnas, Richard, *Cosmos and Psyche,* Viking, 2006.

Tarnas, Richard, *A epopeia do pensamento ocidental: para compreender as ideias que moldaram nossa visão de mundo,* Bertrand Brasil, 2005.

Teilhard de Chardin, Pierre, *O fenômeno humano,* Cultrix, 1995.

Thoreau, Henry David, *Walden,* L&PM, 2011.

Tillich, Paul, *A coragem de ser,* Paz e Terra, 1992.

Trungpa, Rinpoche Chogyam, *Além do materialismo espiritual,* Cultrix, 2002.

Trungpa, Rinpoche Chogyam, *The Heart of the Buddha,* Shambhala, 1991.

FILÓSOFO EM CINCO MINUTOS

Tucker, Dr. Jim B., *Vida antes da vida,* Pensamento, 2008.

Voltaire, *Treatise on Tolerance and Other Writings,* tradução e edição de Simon Harvey, Cambridge University Press, 2000.

Whitehead, Alfred North, *Adventures of Ideas,* Pelican, 1948.

Wiesel, Eli, *A noite,* Ediouro, 2006.

Zukav, Gary, *A dança dos mestres Wu Li,* Ece, 1989.

Agradecimentos

Agradeço muito a Michael Mann, meu editor, por conseguir um contrato para este projeto, e também a ele e Penny Stopa por me ajudar ao longo das várias revisões da estrutura do livro até chegar a esta versão final.

Sou particularmente grato a Bob Saxton por seu rigoroso escrutínio do texto e por um processo de edição que me fez aprender coisas novas tanto sobre o assunto deste livro quanto sobre o ofício de escrever.

Melinda Wenner Moyer generosamente permitiu que eu usasse material para "Por que queremos as coisas?" do site "Live Science" (www.livescience.com) e do artigo na revista *Scientific American*. Anne Rice gentilmente concordou em me deixar citar material de seu livro *O vampiro Lestat* ao responder à pergunta "O que precisamos saber?".

Todos os esforços foram feitos no sentido de garantir a permissão para reproduzir materiais protegidos por direitos autorais, e em edições futuras deste livro eu ficarei feliz em corrigir quaisquer omissões que cheguem ao meu conhecimento.

Gerald Benedict, Payrignac, França, Janeiro de 2011.

Este livro foi composto na tipologia Minion Pro, em corpo 11,6/16,4,
e impresso em papel off-white, no Sistema Cameron da
Divisão Gráfica da Distribuidora Record.